KB047645

미래를 보는 눈

미래보다 중요한 미래 예측

이 도서의 국립중앙도서관 출판예정도서목록(CIP)은 서지정보유통지원시스템 홈페이지(http://seoji.nl.go.kr)와
국가자료공동목록시스템(http://www.nl.go.kr/kolisnet)에서 이용하실 수 있습니다.

CIP제어번호: CIP2017017410(양장), CIP2017017412(반양장)

미래를

| 최연구 지음 |

보는

미래보다 중요한 미래 예측

눈

일러두기

1. 2009년 출간된 저자의 문고판 책 『미래를 예측하는 힘』(살림)의 일부 내용과 함께 저
   자가 ≪한국일보≫, ≪에너지경제신문≫, ≪디지털타임스≫, ≪행복한 교육≫ 등에
   '미래'라는 키워드로 쓴 글을 재구성한 책입니다.

2. 책은 『 』, 보고서나 논문은 「 」, 언론매체는 ≪ ≫, 영화 제목은 〈 〉로 표기하였습니다.

프롤로그

1973년 4차 중동전쟁을 계기로 석유수출기구의 산유국들은 석유
를 무기화하는 전략을 채택합니다. 원유 가격을 인상하고, 석유의
생산을 제한한 것입니다. 이로 인해 세계 각국은 대대적인 경제 혼
란을 겪게 되고, 기업 역시 큰 위기를 맞습니다. 이 사건을 일컬어
'오일쇼크'라고 합니다. 이런 위기 상황에서 미래 예측을 통해 오히
려 큰 이익을 본 기업도 있습니다. 일본의 이토추 종합상사의 임원
이었던 세지마 류조는 이스라엘과 아랍국가 간의 분쟁 상황을 꼼
꼼히 살펴보면서 산유국들의 기습 공격 가능성을 예측하는 보고서
를 회사에 제출합니다.[*] 이 보고서가 채택되면서 이토추는 비밀리
에 석유를 사재기했습니다. 세지마 류조는 미래 예측 전문가가 아
니었지만 신문 기사만으로 '오일쇼크'를 정확히 예측하고 회사에
큰 이익을 안겨주었던 것입니다. 이처럼 미래 예측은 기업 경영에
서 매우 중요합니다. 기업이 시장, 수요, 기술, 환경 변화의 과학적

* 　김경훈, 『트렌드 워칭』(한국트렌드연구소, 2005), 17쪽.

예측에 성공하면 시장을 선점할 수 있고 경쟁력을 높일 수 있지만, 미래 예측에 실패하면 존폐의 기로에 설 수도 있습니다.

미래 예측이 필요한 것은 기업뿐만이 아닙니다. 크고 작은 조직이나 개인, 정부나 국가에게도 미래 예측이 필요합니다. 국가는 민족과 국가라는 거시적인 차원에서, 기업은 기업의 지속 가능한 성장을 위해 미래를 예측하고 준비해야 합니다. 또한 개인은 개인대로 자신의 발전과 더 나은 내일을 꿈꾸며 미래를 전망하고 설계해야 합니다. 우연이나 요행수를 기다려서는 안 됩니다. 미생물학자 루이 파스퇴르는 "우연은 준비되지 않은 사람을 돕지 않는다"고 말했습니다. 우연과 행운도 미래를 준비하는 자에게만 찾아오는 법입니다. 로마의 정치가 아피우스 클라우디우스 카이쿠스(Appius Claudius Caecus)의 말대로 "우리 모두는 자기 자신의 미래를 건설"합니다. 자신의 미래, 자신의 운명을 건설하듯 미래를 준비하는 자세가 필요합니다.

그렇다면 미래는 어떻게 준비해야 할까요. 물론 점성술이나 신적인 요소에 기대어 미래를 예측하고 준비할 수도 있습니다. 합리성과 과학정신이 사회 깊숙이 뿌리내리고 있는 유럽에서도 별점(Horoscope)이나 타로(Tarot) 등에 관심을 갖는 사람이 많습니다. 별점은 별자리와 천체 현상 원리로 인간의 운명과 장래를 예측하는 방법이고, 타로는 다양한 그림이 그려진 타로카드로 점을 보는 방법인데, 유럽에서는 둘 다 굉장히 대중적입니다. 일간지, 주간지나 스포츠 신문에는 별점 운세란이 고정 코너로 연재되기도 합니다. 운세, 별점, 예언 등은 객관적인 방법론에 기반을 두고 있지는 않으며 비과학적이고 신비스러운 영역이라고 할 수 있습니다.

이러한 방법과 별개로, 미래를 내다보기 위해 나름대로의 과학적인 방법론을 동원해 만든 전문 분야가 바로 미래 예측 또는 미래학이라고 부르는 영역입니다. 20세기 후반 들어 대중적인 관심을 끌며 급부상한 미래학은 사회 변화의 속도가 빨라지면서 더욱더 주목을 받고 있습니다. 얼마 전 작고한 앨빈 토플러나 메가트렌드로 유명한 존 나이스비트, 제러미 리프킨 같은 미래학자들의 예측 한마디 한마디에 사람들은 귀를 기울입니다.

아무리 전문적인 미래학자라고 해도 신이 아닌 이상 완전하고 정확한 예측을 하기는 불가능합니다. 다만 미래학자들의 미래 예측이 의미를 갖는 것은, 그들의 미래 예측이 과거와 현재의 사실과 데이터를 객관적이고 과학적으로 분석하기 때문입니다. 갈수록 변화가 빨라지고, 불규칙해지며, 불확실성이 커지는 사회에서는 미래학자들처럼 과학적인 눈으로 미래를 보는 안목, 즉 '미래안(未來眼)'은 점점 더 중요해지고 있습니다. 미래안은 미래를 제대로 준비할 수 있도록 돕고, 변화에 능동적으로 대처할 수 있게 합니다.

이 책은 보다 객관적인 미래 예측을 도와주고, 미래의 의미를 좀 더 깊이 생각하게 하는 미래학 입문서 정도 되는 책이라고 할 수 있으며, 총 4부로 구성되어 있습니다. 1부에서는 미래 예측이 왜 필요한가에 대해 이야기합니다. 2부에서는 미래 예측의 방법론을 다룹니다. 과연 미래 예측이 가능한지, 어떻게 미래 예측을 하는지 등에 대해 설명합니다. 3부에서는 미래 사회를 전망하면서 미래에 중요해질 이슈나 쟁점에 대해 다룹니다. 인공지능, 메이커, 디지털화로 인한 왝더독, 미래의 권력, 미래의 일자리 등 이슈와 키워드에 대해 이야기합니다. 마지막 4부에서는 그래서 지금 우리가 미래를 어떻게 준비해야 하는지에 대해 생각해봅니다.

오늘날 변화는 빛의 속도로 이뤄지고 있습니다. 10년도 채 안 돼 강산도, 사회도 정신없이 휙휙 변합니다. 그 어느 때보다도 미래 예측이 절실한 때입니다. 인공지능, 사물인터넷, 빅데이터 등이 이끌어가는 이른바 '4차 산업혁명'의 물결이 우리 사회를 덮치고 있습니다. 머지않아 인공지능과 함께 살아가야 하는 시대를 맞게 될 텐데, 미래에 대한 준비는커녕 관심조차 없다면 그건 정말 심각한 문제입니다. 미래를 준비하지 않은 사람은 변화된 미래에 적응하기 어려워 도태될 위험이 큽니다. 개인, 조직, 국가 모두 미래를 생각하고 예측하고 준비해야 할 필요가 있습니다.

미래를 보는 눈

이 책은 ≪한국일보≫, ≪에너지경제신문≫, ≪디지털타임스≫, ≪행복한 교육≫ 등 여러 매체에 제가 '미래'라는 키워드에 집중하면서 써온 글을 바탕으로 다시 가다듬거나 새로 쓴 글들로 구성한 책입니다. 아무쪼록 이 책이 독자 여러분들께서 미래 예측의 중요성을 인식하고 미래를 준비하는 데 조금이나마 도움이 되기를 바라는 마음 간절합니다.

저자 최연구

차례

프롤로그 _ 5

1부   <u>미래 예측, 왜 중요한가</u>

미래 시간, 그 열린 가능성 / 17

우주의 시간과 미래 / 22

우주의 역사와 미래 예측 / 27

역사를 반추해 미래를 본다 / 31

역사 인식과 미래의 불확실성 / 35

미래 예측과 미래학 / 40

미래 예측 능력은 미래 경쟁력 / 44

모두를 위한 미래 예측 / 47

2부   <u>미래 예측, 어떻게 하는가</u>

미래, 노력하면 보인다 / 53

꿈, 비전과 미래 / 57

미래 예측과 미래 창조 / 61

미래학자 토플러의 혜안 / 66

미래, 미생, 미존의 공통점 / 70

미래 시나리오가 필요하다 / 74

미래 예측과 집단지성 / 79

3부   미래 사회의 이슈와 쟁점

알파고 쇼크와 인간의 미래 / 87

인공지능과 멋진 신세계 / 91

미래의 지구환경 / 95

메이커의 시대 / 99

미래 디지털 세상, 왝더독 앞의 인간 / 103

미래 권력과 네트워크 / 107

미래 사회의 리더와 팔로어 / 111

미래 한국의 중산층 / 114

미래 세상의 소프트 파워 / 117

미래의 삶, 무엇이 중요할까 / 121

신기술과 일자리, 문화의 미래 / 125

기술 발전, 디지털화와 인문학 / 129

인공지능시대, 문과는 필요 없나요 / 133

페이 잇 포워드와 스타트업의 미래 / 136

미래 대학과 창업 문화 / 140

미래 직업 세상과 창직 / 143

미래의 과학관 / 149

수직농장과 미래 농업 / 156

특이점이 다가온다 / 160

4부   미래, 어떻게 준비할 것인가

미래 세상 상상하기 / 167

다시 디지로그를 생각한다 / 171

미래 전략 싱크탱크가 필요하다 / 174

미래 예측과 시민사회 / 181

미래 과학 발전과 최고 지도자 / 188

인재 계획 없이는 미래가 없다 / 194

인공지능시대의 교육 / 198

질문하는 사람, 질문하는 문화 / 203

미래 위기를 대비하자 / 207

미래를 생각할 때 / 211

4차 산업혁명과 레드퀸 효과 / 215

인공지능시대의 과학문화 / 220

미래 준비의 첫걸음, 시간 관리부터 / 223

에필로그 _ 227

1부

미래 예측, 왜 중요한가

미래 시간, 그 열린 가능성

인간은 시간과 공간 속에서 살아갑니다. 우주를 구성하는 2대 요소인 시간과 공간은 씨줄과 날줄처럼 엮여서 무한대의 시공간인 우주를 이루고 있습니다. 그 속에서 인간은 만물의 영장이자 우주 공간의 주역으로서 사회를 이루고 역사를 만들며 살아갑니다. 시간(時間)과 공간(空間)에 인간(人間)을 더하면 '삼간(三間)'이 됩니다. 한자 '사이 간(間)'자가 들어간 가장 중요한 세 개의 낱말입니다. 우주 삼라만상을 이해하기 위해서는 삼간에 대한 이해가 반드시 필요합니다.

미래는 시간 개념입니다. 과거는 지나간 시간이고, 미래는 아직 오지 않은 시간입니다. 하지만 실제로 존재하는 것은 지금 우리가 맞고 있는 시간인 현재뿐입니다. 베트남 출신의 승려로 명상가, 평화운동가, 시인이자 세계 4대 성불 중 한 명으로 꼽히는 틱낫한(Thich Nhat Hanh) 스님은 '천천히 가는 삶 17계명' 중 첫 번째를 "삶이란 오직 지금 이 순간, 즉 현재라는 찰나의 시간에만 존재한다"라고 가르칩니다.

미래를 이해하기 위해서는 시간에 대해 생각해봐야 합니다. 과거와 현재, 미래는 단절되지 않고 이어지는 연속된 시간인데, 시간은 '비가역성(irreversibility)'을 갖습니다. 비가역성이란 물리학 용어로 '변화를 일으킨 물질이 본디의 상태로 돌아오지 않는 성질'을 말합니다. 시간의 비가역성이란 시간이 한 방향으로만 흘러가고 이전으로 돌아가지는 않는다는 것입니다. 벤자민 버튼의 시간은 거꾸로 갈지 모르겠지만 현실의 시간은 결코 거꾸로 가지 않습니다. 한 번 지나온 시간으로 되돌아갈 수도 없고 지나온 시간이 반복되지도 않습니다. 우리에게 주어진 모든 시간은 그것이 처음이자 마지막 순간입니다.

인간이 가진 것 중에서 가장 귀한 것은 바로 삶이다. 그리고 그 삶 속에서 가장 중요한 것은 시간이다. 왜냐하면 삶을 이루고 있는 것이 바로 시간이기 때문이다.

구소련의 과학자 류비셰프(Lyubishev)의 평전 『시간을 정복한 남자, 류비셰프』(2004)를 쓴 다닐 알렉산드로비치 그라닌(Daniil Alexandrovich Granin)의 말입니다. 그라닌이 '시간을 정복한 남자'라고 소개한 류비셰프라는 과학자는 곤충 연구를 했던 사람인데, 평생 자신의 일상을 시간 단위로 기록했던 시간 통계 노트로 유명합니다. 26세부터 일기를 쓰기 시작해 82세로 세상을 떠나기까지 하루도 빠짐없이 일기를 썼고 시간을 기록했습니다.

곤충분류학(어제 그렸던 곤충의 정체를 완전히 밝혀냄) 2시간 20분, 이 곤충에 대한 논문 집필 1시간 5분, 편지 쓰기 3시간 20분, 문학신문 66쪽 1시간 30분.

이렇게 자신이 보낸 시간을 분 단위로 매일 기록하고 월별로 통계도 내면서 그는 시간을 관리했습니다. 그 결과 류비셰프는 놀라운 업적을 남길 수 있었습니다. 그가 세상을 떠나면서 남겼던 것은 70권의 학술 서적, 1만 2500장에 이르는 방대한 분량의 연구 논문(약 100권 분량)과 학술 자료들이었습니다. 류비셰프는 한순간도 시간을 허투루 보내지 않았고, 자신에게 주어진 24시간을 쪼개고 쪼개 최대한 활용하면서 마치 한 달을 일 년처럼 사용할 수 있음을 실천으로 보여주었던 사람입니다. 시간의 소중함을 깨닫고 시간 관리에 철저했던 류비셰프였지만, 하루 평균 8시간 이상 자고 운동과 산책을 즐겼으며 한 해 평균 60여 차례나 공연과 전시회를 관람했습니다. 그라닌이 류비셰프를 시간을 정복한 남자라고 칭한 것은 결코 과찬이 아닙니다.

우리가 살아가는 자본주의(資本主義) 사회는 자본, 즉 돈을 가장 중요하게 여깁니다. 하지만 돈으로도 살 수 없는 것이 있습니다. 바로 시간입니다. 시간이 중요하다는 데 이의를 제기하는 사람은 별로 없을 것입니다. 흙수저부터 금수저까지 심각한 물질적 격차가 존재하는 불평등한 사회에서도 시간만큼은 누구에게나 공평하게 주어집니다. 흙수저로 태어난 빈민이건 금수저로 태어난 대기업 총수의 자제건 나면서부터 시간 앞에서는 평등합니다. 누구에게나 하루는 24시간입니다. 24시간이라는 똑같은 자본을 갖고도 누구는 성공하고 누구는 실패합니다. 마찬가지로 똑같이 24시간을 사용하면서도 누구는 엄청난 업적을 이루고 누구는 헛되이 시간을 죽이면서 살아갑니다. 인생의 성공과 실패는 시간을 어떻게 활용하는가에 달려 있습니다. 회사나 조직, 국가도 마찬가지입니다. 전 코카콜라 앤터프라이즈 사장 브라이언 다이슨(Brian Dyson)의 연설로 알려진 다음의 내용은 시간의 소중함을 이렇게 표현합니다.

매일 아침 당신에게 8만 6400원을 입금해주는 은행이 있다고 상상해보세요. 당신의 계좌는 그러나 당일이 지나면 잔액이 남지 않습니다. 매일 저녁, 당신이 그 계좌에서 쓰지 못하고 남은 잔액은 그냥 지워져버리죠. 당신이라면, 어떻게 하시겠어요? 시간은 우리에게 마치 이런 은행과도 같습니다. 매일 우리에게는 8만 6400초가 주어지고 버려진 시간은 그냥 없어져버립니다. 잔액은 없습니다. 더 많이 사용할 수도 없어요. 매일 아침 은행은 새로운 돈을 넣어주고 매일 밤 그날 남은 돈은 남김없이 불살라집니다. 그날의 돈을 사용하지 못했다면, 손해는 오로지 당신이 보게 됩니다. 돌아갈 수도 없고, 내일로 이월시킬 수도 없습니다. 단지 '오늘', '현재의 잔고'를 갖고 살아갈 뿐입니다. 건강과 행복, 그리고 성공을 위해 모두 사용하면서, 흘러가는 시간 속에서 '오늘' 하루를 최선을 다해야 합니다. 1년의 가치를 알고 싶다면, 학점을 받지 못한 학생에게 물어보세요. 한 달의 가치를 알고 싶다면, 미숙아를 낳은 어머니를 찾아가세요. 한 주의 가치는, 신문 편집자들이 잘 알고 있을 겁니다. 한 시간의 가치가 궁금하다면, 사랑하는 이를 기다리는 사람에게 물어보세요. 1분의 가치는 열차를 놓친 사람에게, 1초의 가치는 아찔한 사고를 순간적으로 피할 수 있었던 사람에게 물어보세요. 당신에게 주어진 '순간'을 소중히 여기십시오. 또한 당신에게 주어진 특별한 시간을 투자할 만큼, 그렇게 귀중한 사람과 함께 하는 시간은 더욱 소중합니다.

시간의 소중함은 아무리 강조해도 지나치지 않습니다. 과거나 현재도 소중하지만 미래는 또 다른 의미에서 소중합니다. 기대와 희원이 담겨 있는 열린 가능성이기 때문입니다. 우리가 살고 있는 오늘은 어제 죽은 사람이 그렇게 살고 싶었던 바로 그 내일입니다. 내일은 오늘을 사는 사람들이 열심히 준비하는 미래입니다. 장밋빛 미래가 될지, 잿빛 미래가 될지는 오늘 어떻게 살고 지금 시간을 어떻게 활용하는지에 따라 크게 좌우됩니다. 물론 지금 아무리 노력해도 결국 미래에 이루지 못하는 일도 있겠지만, 아예 노력하지도 않고 얻으려고 하거나 해보지도 않고 포기하는 것은 미래에 대한 예의가 아닙니다. 지금 이 순간에 10년 후, 20년 후의 미래가 미완의 형태로 서서히 만들어지고 있는 것입니다.

우주의 시간과 미래

인류가 살고 있는 은하의 지름은 10만 광년 정도이고, 우리 은하는 약 1000억 개의 은하 가운데 하나에 지나지 않습니다. 광년(光年)은 시간의 단위가 아니라 거리의 단위입니다. 빛의 속도로 1년을 갔을 때 간 거리를 1광년이라고 하는데, 1광년을 계산해보면 약 9조 5000억km가 됩니다. 만약 사람이 이 거리를 걸어간다고 가정했을 때, 쉬지 않고 걸어서 2억 2500만 년을 걸어가야 하는 천문학적인 거리죠. 그러니 우주의 크기는 인간의 상상력으로 가늠할 수 없을 정도의 크기라고 할 수 있습니다.

과학자들에 의하면 우주는 10억 년마다 5~10%씩 팽창하면서 변화를 거듭하고 있습니다. 북쪽 하늘에서 우리가 육안으로 볼 수 있는 은하가 있는데, 그것이 우리 은하처럼 나선은하인 안드로메다 은하입니다. 지구와의 거리는 약 250만 광년입니다. 안드로메다 은하에서 빛이 지구까지 도달하는 데는 250만 년이 걸립니다. 다시 말해 지금 우리가 보고 있는 안드로메다 은하의 모습은 사실 250만 년 전의 모습인 셈입니다.

2016년 과학계는 중력파 탐지 소식에 떠들썩했습니다. 아인슈타인이 1세기 전에 주장했던 중력파의 존재를 레이저 간섭계 중력파 관측소(LIGO) 과학협력단이 최초로 확인한 것

▌안드로메다 은하

입니다. 이번에 검출된 중력파는 13억 광년 떨어진 우주에서 태양보다 30배 큰 두 개의 블랙홀이 충돌하면서 발생한 강한 중력이 물결처럼 퍼져나가는 파동을 탐지한 것이라고 합니다. 13억 년 전 파동을 13억 년이 지난 후, 지구에서 검출했다는 이야기입니다.

우리는 우리를 매우 어리둥절케 하는 세계에서 살고 있다. 우리는 주위에서 볼 수 있는 것들을 이해하고 싶어 하며, 이런 물음을 던지고 싶어 한다. 우주의 본질은 과연 무엇인가? 그 속에서 우리의 자리는 어디이며, 우주는 어디에서 왔는가?•

뮌하우젠 증후군을 앓고 있는 영국의 천재 물리학자 스티븐 호킹(Stephen Hawking)의 말입니다. 그가 쓴 베스트셀러 『시간의 역사』는 우주의 기원과 본질을 밝히고 싶은 강한 지적 욕망으로부터 비롯되었습니다.

•   스티븐 호킹, 『그림으로 보는 시간의 역사』, 김동광 옮김(까치글방, 1998), 228쪽.

■ 폴 고갱, 〈우리는 어디서 왔는가? 우리는 누구인가? 우리는 어디로 갈 것인가?〉

　　분야는 다르지만 후기인상파의 거장인 폴 고갱(Paul Gauguin)
이 1897년에 남긴 자신의 마지막 역작도 우주의 기원을 떠올리게
합니다. 말년에 고갱이 남태평양 타히티섬에서 힘든 시간을 보내
며 혼신의 힘을 다해 완성한 작품의 제목은 아마 역대 미술품 중
가장 철학적인 제목일 것입니다. 제목인즉 〈우리는 어디서 왔는
가? 우리는 누구인가? 우리는 어디로 갈 것인가?(D'où venons-nous?
Que sommes nous? Où allons-nous?)〉입니다. 어쩌면 물리학자 호킹
과 화가 고갱의 문제의식은 맞닿아 있는지도 모릅니다. 과학자이
건 인문학자이건 철학자이건 인간의 근원적 고민은 결국 인간의
기원, 인간 존재와 정체성, 인류의 미래 등에 대한 것입니다.
　　오늘날 우주의 탄생에 관한 가장 유력한 학설은 '빅뱅이론'입
니다. 빅뱅이론은 벨기에의 신부이자 수학자였던 조르주 르메트르

(Georges Lemaître)의 우주팽창이론으로부터 시작됩니다. 1927년 르메트르 신부는 '원시 원자에 대한 가설'을 처음 제기합니다. 우주의 모습을 불꽃놀이에 비유하면서 대폭발로 인해 우주, 시간, 공간이 창조되었다는 주장입니다. 당시 과학계의 우주론은 우주가 항상 물질을 생성하면서 안정된 상태를 유지한다는 정상우주론이었기에 르메트르의 가설은 말도 안 되는 소리로 치부되었습니다. 영국 물리학자 프레드 호일(Fred Hoyle)은 BBC 라디오에 나와 정상우주론을 옹호했고 르메트르의 가설을 조롱하면서 '빅뱅(Big Bang)'이라 불렀는데, 이를 계기로 르메트르의 이론은 '빅뱅이론'으로 불리게 됩니다. 1929년 미국의 천문학자 에드윈 허블(Edwin Hubble)이 먼 거리의 은하일수록 더 빠른 속도로 멀어진다는 '허블의 법칙'을 발표하고, 아노 펜지어스(Arno Allan Penzias)와 로버트 윌슨(Robert Woodrow Wilson)이 1965년에 우주의 온도를 알게 해주는 '우주배경복사'를 발견하면서 빅뱅이론과 우주팽창이론은 현대 우주론의 표준 모형으로 자리 잡게 됩니다. 빅뱅이론에 근거해 우주가 138억 년 전의 대폭발, 즉 빅뱅으로 탄생했고 우주는 계속 팽창하고 있다고 보는 것이 오늘날의 정설입니다.

　몇 해 전 ≪네이처≫에 발표된 연구에 따르면, 인간이 밤하늘에서 관측한 천체들 중 가장 멀리 떨어져 있는 것은 131억 광년 거리라고 합니다. 131억 년 전의 빛을 이제야 보고 있다는 것이죠. 이렇게 무한히 넓은 공간인 우주에는 과거와 현재 시간이 공존할 수 있습니다. 우주라는 관점에서 보면 인간의 오랜 역사는 찰나의 순간에 불과하고, 지구는 티끌만한 정도일 것입니다. 우리가 예측하고자 하는 30년 후의 미래 시간은 우주의 시간에 비하면 정말 미미할 수도 있습니다. 어쨌거나 오래전 과거의 빛을 오늘 관측하고 오늘의 빛을 미래 어느 시점에 볼 수 있는 것은 시간의 연속성 때문입니다. 과거, 현재, 미래를 연속적으로 보는 관점으로부터 미래 예측이 시작되는 것입니다.

우주의 역사와 미래 예측

앞서 살펴본 것처럼 빅뱅이론은 우주가 138억 년 전 우주팽창에 의한 대폭발로 시작되었다고 설명합니다. 138억이라는 숫자는 그야말로 천문학적인 숫자입니다. 만약 1초에 숫자 하나를 센다고 가정할 때 쉬지 않고 138억까지 세는 데는 438년이 걸린다는 계산이 나옵니다. 불교에서는 매우 긴 시간을 '겁(劫) 또는 겁파(劫波)'라고 하고, 힌두교에서는 '칼파(kalpa)'라고 합니다. 겁은 하나의 세계가 만들어져 지속되고 파괴돼 공무(空無)가 되는 시간, 즉 측정할 수 없을 정도로 아득한 시간을 뜻합니다. 『잡아함경(雜阿含經)』이라는 경전에 보면 겁의 길이를 이렇게 설명하고 있습니다.

사방과 상하 약 15km나 되는 철성(鐵城) 안에 겨자씨를 가득 채우고 100년마다 겨자씨 한 알씩을 꺼낸다. 이렇게 해서 겨자씨 전부를 다 꺼내어도 겁은 끝나지 않는다.

인류가 발생하고 발전하고 변화해온 과정이나 자취를 우리는 역사(歷史)라고 합니다. 역사에는 관점이란 것이 있습니다. 누구의 관점에서 보고 누구의 관점에서 서술하느냐에 따라 역사는 달라질 수 있습니다. 보통은 강자나 승자의 관점에서 서술되기에 지금까지의 세계사는 영국, 프랑스 등 유럽의 강대국 중심으로 다루어져 왔습니다. 우리가 배워온 역사는 다분히 유럽중심적이었습니다. 이런 유럽중심적인 역사 서술의 한계를 넘어 인류가 지구에 등장한 이후 나타났던 다양한 상호관련성을 객관적으로 살펴보려는 시도가 '지구사(global history)'라는 관점입니다. 하지만 지구사도 인류의 역사인지라 자연과학적 관점에서 지구의 탄생이나 생명체의 탄생 등을 다루지는 않습니다.

지구의 탄생, 생명체의 탄생까지 포함하여 138억 년 전 우주의 탄생부터 지금까지의 역사를 통합적으로 보려고 하는 역사학의 흐름이 바로 '빅 히스토리(Big History, 거대사)'입니다. 빅 히스토리는 말하자면 모든 것의 역사라고 할 수 있습니다. 모든 것의 시작은 무엇일까? 우주는 어떻게 만들어졌을까? 우리는 왜 거대한 우주 속에 존재하고 있는 것일까? 생명체와 인류는 어떻게 생겨났고 어떻게 발전해왔을까? 우주, 생명, 인간 등에 대한 큰 질문, 즉 빅 퀘스천(Big Question)에 대한 대답이 빅 히스토리입니다. 빅 히스토리의 창시자는 호주 맥쿼리대학교의 데이비드 크리스천(David Christian) 교수입니다. 크리스천 교수의 테드(TED) 강연을 우연히 듣게 된 빌 게이츠는 그날로부터 빅 히스토리의 열렬한 팬이 되었고, 이후 빅 히스토리 교육 콘텐츠를 무료로 보급하기 위한 '빅 히스토리 프로젝트'를 재정적으로 지원해오고 있습니다. 빌 게이츠는 빅 히스토리는 삶을 통틀어 가장 좋아하는 학문 분야라며 이렇게 말합니다.

> 빅 히스토리는 매우 특별한 학문 분야입니다. 왜냐하면 여러 학문 분야의 수많은 지식들을 다룰 수 있는 틀(framework)을 만들어주기 때문입니다. 빅 히스토리는 어떤 다른 학문 분야보다 포괄적입니다.•

138억 년 우주의 역사에서는 굵직굵직한 중요한 일들이 많이 있었습니다. 지구가 탄생한 것은 46억 년 전이고, 생명체가 나타난 것은 38억 년 전입니다. 현생인류인 호모사피엔스의 출현은 20만 년 전, 농경사회는 1만 년 전에 시작됐습니다. 기록역사가 시작된 것은 5000년 전이고, 근대 산업사회의 시작은 약 250년 전, 최초의 인간 달 착륙은 약 50년 전입니다.

그런데 138억 년 전의 빅뱅이 만약 13.8년(13년 9개월) 전에 있었다고 가정해보면 어떨까요. 다시 말해 138억 년의 역사를 13년 9개월로 축약해서 계산을 해보자는 것입니다. 그러면 13년 9개월 전 0시에는 빅뱅으로 우주가 탄생한 것이 되고, 지구가 생겨난 것은 4년 6개월 전이 됩니다. 생명체가 지구에 처음 나타난 것은 3년 9개월 전이고, 호모사피엔스가 나타난 것은 100분 전입니

•   데이비드 크리스천·밥 베인, 『빅 히스토리』, 조지형 옮김(해나무, 2013), 7쪽.

다. 그리고 농경사회는 5분 전, 인간의 기록역사는 불과 2분 30초 전에 시작된 것이 되죠. 근대산업사회는 6초 전, 최초의 인간 달 착륙은 약 1초 전에 일어난 일이 됩니다. 그러니 우리가 30년 후의 미래, 50년 후의 미래라고 해도 모두 달력의 마지막 날 마지막 1초 안의 시간 안에 있습니다. 138억년 우주의 역사에 비하면 20만년밖에 안 되는 현생인류의 역사는 초라할 정도로 짧습니다. 생명체가 나타난 것이 38억 년 전인데 역사가 길지도 않은 현생인류가 우주 만물의 영장이 된 것은 그만큼 인간이 위대한 능력을 가졌다는 의미이겠지요.

빅 히스토리가 빅뱅으로 인한 우주의 탄생으로부터 시작해 태양계와 지구의 탄생, 인류의 탄생과 진화 등 138억 년의 역사를 큰 흐름으로 보면서 궁극적으로 지향하는 바는 바로 미래입니다. 빅 히스토리 프로젝트의 홈페이지(www.bighistoryproject.com)에 가면 첫 페이지에 다음과 같은 문구가 나옵니다.

빅히스토리는 우리의 과거를 살펴보고, 우리의 현재를 설명하며, 우리의 미래를 상상한다.

미래를 생각하지 않는 역사는 의미가 없습니다. 미래가 없다면 현재도, 과거도 아무런 의미를 가질 수 없기 때문입니다.

역사를 반추해 미래를 본다

2008년에 개봉된 애니메이션 영화 〈쿵푸 팬더〉에는 이런 명대사가 나옵니다.

> 어제는 역사. 내일은 미스터리! 오늘은 선물. 그래서 우리는 현재를 the present라 부른다.

어제는 지나온 역사고, 미래는 알 수 없으니 미스터리이며 오늘은 우리에게 주어진 선물과 같다는 의미입니다. 그만큼 현재가 소중하다는 것이겠죠. 우리가 힘을 집중해 최선을 다할 수 있는 것은 오로지 현재밖에 없습니다. 지나간 과거에 대해서는 힘을 집중할 방법이 없고, 아직 오지 않은 미래는 준비하고 계획하는 방법밖에 없습니다. 다만 과거나 미래를 어떻게 인식하고 어떤 태도를 가질 것인가가 중요합니다. 시간의 인과성을 이해한다면 과거, 현재, 미래가 서로 연관되어 있음을 알 수 있습니다. 과거를 돌아보고 지나온 역사를 살펴보는 것은 그 자체가 목적이 아니라 궁극적으로 더 나은 미래를 준비하기 위한 것이라고 할 수 있습니다. 흔히 우리는 역사에서 교훈을 찾는다는 이야기를 많이 합니다. 그 의미는 과거의 성공은 발전적으로 계승을 하고, 과거의 잘못은 되새겨 미래에는 반복하지 말자는 것입니다.

사실 역사라는 것은 우연한 사건들의 총합이 아닙니다. 만약 우연에 의해 세상사가 흘러간다면 인간은 주어진 환경이나 조건에 끌려다닐 뿐, 능동적·주체적으로 역사를 만들어갈 수 없을 것입니다. 하지만 역사도 결국은 인간의 것이며 인간에 의해 만들어진다는 것이 중요합니다. 우연히 일어난 사건이 예기치 않게 역사의 거대한 전환점을 만들고, 한 사람의 영웅이 역사를 바꾸는 것처럼 보일 때도 왕왕 있습니다. 하지만 역사를 들여다보면 거기에는 나름대로의 법칙이 있고, 저변에는 인과관계가 존재합니다. 역사적 사건들이 무작위로(randomly) 발생하거나 아무렇게나 일어나는 것은 아닙니다. 역사의 법칙이나 인과관계는 바다의 표면에서 관찰되는 파도 같은 것이 아니라 바다 밑의 깊은 곳에 흐르는 거대한 해류와 같은 것입니다. 파도만 봐서는 바다의 큰 흐름을 이야기할 수 없습니다. 하나하나의 개별적인 사건들이 파도라면 이러한 사건이 나타나게 된 시대적 배경이나 사회문화적 조건들은 해류라고 할 수 있습니다. 역사를 해석하고 미래를 예측하는 데도 이런 큰 관점을 가질 필요가 있습니다.

인류가 계속 존재하는 한, 역사라는 시간의 궤적을 벗어날 수는 없습니다. 볼테르(Voltaire)는 "미래는 현재로부터 태어난다"는

미래를 보는 눈

유명한 말을 남겼습니다. 미래 예측도 과거, 현재, 미래라는 연속적인 역사의 흐름에서 큰 줄기를 읽어내는 것과 비슷합니다. 우리가 과거에만 매몰되면 복고적·과거지향적 성향에 빠져 변화에 무관심해질 것이고, 현재에만 매달린다면 현실안주형이 될 수밖에 없습니다. 미래는 정해져 있는 것이 아닙니다. 현재 어떻게 행동하고 미래를 어떻게 준비하느냐에 따라 달라질 수 있다고 생각하는 적극적인 관점이 필요합니다.

중국 전국시대 전략가들의 말이나 일화를 모은 『전국책(戰國策)』이라는 책에 보면 '전사지불망 후사지사(前事之不忘 後事之師)'라는 말이 나옵니다. '지난 일을 잊지 않음은 뒷일의 스승이 된다'는 뜻입니다. 인간에게 역사는 하나의 거울과도 같습니다. 우리는 역사라는 거울을 통해 과거를 들여다봅니다. 이는 지나간 과거 사실을 학구적으로 고증하려는 것이 아니라 과거를 되돌아봄으로써 현재적 의미와 교훈을 얻으려는 것입니다. 미국의 철학자 조지 산타야나(George Santayana)는 "경험한 것을 기억할 수 없는 자들은 반복을 면할 수 없다"고 말했습니다.

역사를 반추하는 것은 바둑에 비유하자면 '복기(復棋)'와 같습니다. 바둑에서는 한 번 두고 난 바둑의 판국을 비평하기 위해 두었던 대로 다시 처음부터 놓아보는 데, 이를 복기라고 합니다. 『고수의 생각법』이라는 책에서 생각의 힘을 강조한 바둑 9단의 조훈현 기사는 복기의 의미를 다음과 같이 설명합니다.

승리한 대국의 복기는 이기는 습관을 만들어주고, 패배한 대국의 복기는 이기는 준비를 만들어준다. 복기는 바둑에만 국한되지 않는다. 특히 승부의 세계에서 복기는 기본이다.●

과거를 반추해 미래를 내다보고 준비하는 것도 비슷한 맥락입니다.

● 　조훈현, 『고수의 생각법』(인플루엔셜, 2015), 174쪽.

역사 인식과 미래의 불확실성

현재는 과거에서 나오고, 미래는 현재에서 나옵니다. 과거, 현재, 미래는 단절 없이 이어지는 흐름입니다. 과거를 알면 현재를 가늠할 수 있고, 현재를 알면 어느 정도 미래가 보입니다. 과거부터 미래까지의 흐름은 시간적으로는 한 방향으로 흐르지만 일방적인 관계라고 할 수 없습니다. 현재 상황은 과거 여러 사건이 빚어낸 것이고, 현재 진행되고 있는 일들은 미래를 만들어갑니다. 미래 예측도 우선은 이러한 역사적인 인식과 관점을 바탕으로 해야 합니다.

그런데 '역사란 무엇인가'라는 빅 퀘스천 앞에서 우리는 쉽게 답을 할 수 없습니다. 역사의 의미에 대해 먼저 생각해봐야겠습니다. 표준국어대사전에서는 역사를 이렇게 정의하고 있습니다.

역사(歷史)

1) 인류 사회의 변천과 흥망의 과정. 또는 그 기록.

2) 어떠한 사물이나 사실이 존재해 온 연혁.

3) 자연 현상이 변하여 온 자취.

이렇게 역사를 지나온 변천이나 자취 정도로 정의하는 사전과 달리 역사를 현재적인 관점에서 해석할 수 있는 것으로 보는 시각도 있습니다. 에드워드 카(Edward H. Carr)는 자신의 기념비적인 저서 『역사란 무엇인가』에서 역사를 "역사가와 사실들의 끊임없는 상호작용 과정, 현재와 과거 사이의 끊임없는 대화"라고 명쾌하게 정의합니다. 역사는 단순히 지나간 사실들(facts)이 아니라 현재와 과거 사이의 끊임없는 대화라고 강조한 것입니다. 여기에서 우리의 혼란이 시작됩니다. 카는 엄정한 사료 비판에 기초를 두고 근대 사학을 확립한 레오폴트 폰 랑케(Leopold von Ranke)의 19세기적 역사관에 반론을 제기했습니다. 랑케는 "역사가는 사실이 진정 어떠했는가를 보여주기만 해야 한다"고 주장했습니다. 그는 역사 서술에서는 감정이나 가치판단과 같은 주관성이 철저히 배제돼야 하며, '있었던 그대로의 과거(wie es eigentlich gewesen)'를 밝혀내는 것이 역사가의 사명이라고 보았습니다. 역사적 사실은 역사가가 관점을 갖고 해석하지 않아도 스스로 객관적 사실을 보여준다고 믿었던 것입니다.

하지만 과연 역사적 사실이 관점이나 해석 없이도 스스로 객관적 사실을 보여줄 수 있는 것일까요. 지나간 과거 사실을 확인하거나, 검증하는 것은 상당히 어려운 일입니다. 객관적 사실 자체를 밝히는 것이 매우 어렵다는 이야기입니다. 우리 주변에서 일어난 모든 사건을 녹화했다손 치더라도 어떤 관점, 누구의 입장에서 녹화하고 편집하느냐에 따라 그 해석은 완전히 달라질 수 있습니다.

미래를 보는 눈

최대한 객관적인 정황이나 증거를 바탕으로 고증한다고 하더라도 오류의 가능성은 존재합니다. 때로는 새로운 증거가 발견돼 역사적 사실이 뒤집히기도 하고, 새로운 해석으로 실체적 진실이 180도 달라지는 경우도 비일비재합니다. 관점에 따라 역사적 사실은 다르게 해석될 수 있습니다. 가령 안중근 의사는 1909년 10월 26일 하얼빈 역에서 이토 히로부미를 저격했습니다. 이것은 역사적 사실(fact)입니다. 하지만 보는 관점에 따라 이는 애국적 항거가 될 수도 있고 테러가 될 수도 있습니다. 인간사를 다루는 역사는 자연현상이나 법칙을 규명하는 것이 아니기 때문에 관점과 객관성의 문제가 제기될 수밖에 없습니다.

자연현상을 다루는 과학에서도 가치판단이 필요한 경우가 많습니다. 프랑스의 미생물학자 루이 파스퇴르(Louis Pasteur)는 조국 프랑스가 프로이센(독일)과 전쟁을 하게 되자 "과학에 국경은 없지만 과학자에게 조국은 있다"라고 말하며 조국의 편을 들었습니다. 자연과학자도 이러할진대, 관점이 중요한 역사는 말할 것도 없을 것입니다.

현대 프랑스 사회학의 거장 에드가 모랭(Edgar Morin)은 과거, 현재, 미래의 상호의존성에 대해 논하면서 과거의 미래학이 가진 맹점을 지적한 바 있습니다.[*] 모랭은 1960년대의 미래학이, 과거와 현재는 완벽하게 알려져 있고 여기에 기반을 둔 미래는 경제, 기

●　　에드가 모랭, 『20세기를 벗어나기 위하여』(문학과지성사, 1998), 395쪽.

술, 과학을 중심으로 가꾸어져 갈 것이라는 낙관적 청사진을 제시하고 있다고 비판했습니다. 과거와 현재는 알 수 있으므로 미래를 예견할 수 있으며, 과거를 알면 현재를 알 수 있고 현재를 알면 미래를 예견할 수 있다는 식의 사고는 단선적인 인식론이라는 것입니다. 여기에서 모랭은 새로운 문제를 제기합니다. 미래는 현재로부터 잉태된다고 하지만 미래 예견의 첫 번째 난관은 현재를 인식하기도 매우 어렵다는 것입니다. 현재 우리가 처한 상황을 정확하게, 객관적으로 파악한다는 게 과연 가능할까요? 인간의 인식 능력으로는 현재의 상황을 객관적으로 인지하는 데도 어려움이 따릅니다. 더군다나 지나온 과거를 아는 것은 현재를 아는 것보다 훨씬 더 어렵기에 우리는 총체적인 불확실성에 직면하게 됩니다.

　과거는 현재를 아는 데 기여합니다. 현재 경험 역시 과거를 아는 데 기여하죠. 그러므로 현재와 과거 사이에는 단선적 인과론이 아니라 상호 되먹임 작용이 존재한다고 모랭은 설명합니다. 과거는 현재를 바탕으로 형성되고, 현재는 과거 속에서 현재를 이루기 위해 자라온 것을 선별해 재구성된다는 것입니다. 결국 과거도, 현재도 인간의 인식에 의해 재구성될 뿐입니다. 현재 인식에 따라 과거가 재구성되고, 과거 또한 현재 인식을 변화시키므로 결국 에드워드 카의 말처럼 현재와 과거는 끊임없는 대화를 통해 구성되는 것입니다. 사회역사적 사실에 대한 해석은 절대적인 객관성을 가질 수 없으며 불확실성이 상존할 수밖에 없습니다. 미래 예측 또한 이런 불확실성을 전제로 합니다. 현재에 대한 해석은 가변적이며,

미래 가능성은 더더욱 가변적입니다. 보통 최악의 시나리오에서 최선, 차선의 시나리오까지 복수의 가능성을 전제하고 미래 예측을 하는 것은 이런 불확실성 때문입니다. 미래 예측은 정답 맞추기를 하는 것이 아니라 가장 그럴듯한 개연성을 예측하는 것입니다.

미래 예측과 미래학

예측(豫測)은 사전적 의미로 '미리 헤아려 짐작함'이라는 뜻을 가지고 있습니다. 따라서 미래 예측은 앞으로 일어날 일을 미리 헤아려 짐작하는 것을 말합니다. 미래를 예측하는 아주 오래된 직업으로는 점쟁이가 있습니다. 점쟁이가 점을 치는 방법은 여러 가지입니다. 접신(接神)하여 신들린 듯 미래를 내다보는 방법이 있을 것이고, 태어난 시간 등을 따져 주역의 괘로써 1년 열두 달의 운세를 판단하는 토정비결도 있을 것입니다. 얼굴 생김새로 그 사람의 운명 재수를 판단해 미래를 보는 관상(觀相)도 있고, 손의 주름으로 그 사람의 미래 운수·길흉을 예측하는 손금도 있습니다. 별의 빛이나 위치, 운행 따위로 개인과 국가의 길흉을 점치는 점성술, 그리고 그림카드를 보고 그 의미를 해석해 미래를 점치는 타로(Tarot)도 있습니다. 그런데 이렇게 미래를 이야기하는 것은 객관적 예측이라기보다는 주술적 예언에 가까우며, 과학적 방법론을 갖고 있지 않습니다. 믿거나 말거나 식에 가까우며 대부분 요행이나 운에 의존합니다.

우리가 관심을 가져야 할 미래 예측이나 미래학은 요행수에 의존하는 방법이 아니라 객관적 방법론을 갖고 있습니다. 데이터나 정보 또는 어떤 사실로부터 추론하여 앞날을 예측합니다. 미래 전문가들의 예측은 정확하게 말하면 '포캐스트(forecast)'보다는 '포사이트(foresight)'에 가깝습니다. 포캐스트는 가까운 일에 대한 예측을 말합니다. 가장 대표적인 것이 일기예보(weather forecast)입니다. 내일 비가 올지, 눈이 올지, 기온이 몇 도 정도가 될지, 일교차는 어느 정도가 될지 등을 예측하는 것이죠. 성능이 매우 좋은 슈퍼컴퓨터 등을 이용해 데이터를 측정하고 시뮬레이션을 통해 추정합니다. 그런데 내일 또는 모레 날씨를 예견하는 일기예보를 미래 예측이라 하지는 않으며, 기상캐스터를 미래 예측 전문가라고 생각하는 사람도 없습니다. 일기예보는 기온을 측정하고 데이터를 분석하는 과학기술 영역입니다. 이와는 달리 좀 더 먼 미래를 예측하는 것을 우리는 '포사이트'라고 합니다. 트렌드 전문가인 한국트렌드연구소 김경훈 소장에 의하면 "관찰로써 현상의 변화를 추적하는 것이 포캐스트라면, 통찰로써 본질적 변화를 추적하는 것이 포사이트"입니다.•

매우 가까운 미래의 변화는 세심한 관찰과 데이터 측정으로 어렵지 않게 추적하고 예측할 수 있습니다. 하지만 시간적으로 멀어지면 불확실성은 점점 커지고 변화에 영향을 미치는 변수도 많

•   김경훈, 『비즈니스의 99%는 예측이다』(리더스북, 2012), 134~138쪽.

아지므로 예측이 어려워집니다. 미래 예측은 앞이 안 보이는 깜깜한 밤에 전조등을 켜서 앞을 보는 것과 같습니다. 가까운 앞을 볼 때는 전조등의 하향등을 켜고, 먼 앞을 볼 때는 전조등의 상향등을 켜 먼 시야를 확보해야 하는 것처럼 미래 예측도 좀 더 긴 변화를 관찰해야 하는데, 이때는 관찰력뿐만 아니라 통찰력(insight)이 필요합니다. 통찰(洞察)이란 예리한 관찰력으로 꿰뚫어 보는 것입니다. 통찰력이 있어야 현상의 변화가 아니라 근본적인 변화의 흐름을 갈파하고 본질을 파악할 수 있습니다. 현상의 변화는 눈에 보이는 물결과 같은 것이고, 본질의 변화는 보이지는 않지만 엄연히 존재하는 바다 밑의 해류 같은 것입니다. 관찰을 통해 현상을 보고, 통찰을 통해 본질까지 꿰뚫어 볼 때 미래 예측, 즉 포사이트가 가능해집니다.

통찰력은 단순히 많이 배우고 학습한다고 길러지지 않습니다. 통찰력은 지식이라기보다는 지혜에 가깝습니다. 공자가 이야기하는 '일이관지(一以貫之)'도 비슷한 맥락입니다. 『논어』의 위령공 편과 이인 편에 보면 공자는 많이 배워서 배운 것을 이해하는 것이 아니라 '하나의 원리로 모든 것을 꿰뚫어 본다[一以貫之]'고 말합니다. 미래 예측도 관찰과 분석을 통해 본질적 흐름을 파악하는 일이관지의 지혜를 필요로 합니다. 미래 예측은 경마 경주에서 우승마를 맞추는 확률 게임이 아니라 과거, 현재로 이어지는 변화를 관찰하고 변화의 본질을 파악하는 과학적인 기법입니다.

미래 예측에는 시나리오 기법, 델파이 기법, 미래 수레바퀴

(Futures Wheel) 방법 등 다양한 방법론들이 사용됩니다. 미래 예측 전문가들은 객관성과 과학성을 견지하기 위해 노력합니다. 가까운 미래와 먼 미래, 아주 먼 미래를 예측할 때는 각각 다른 방법론을 사용하기도 합니다. 미래 예측과 관련된 다양한 방법론과 모델, 미래에 대한 관점과 해석 등을 체계화해 학문의 수준으로 끌어올린 것을 '미래학'이라고 합니다. 영어로는 Futurology 또는 Futures Studies라고 하는데, 이때 미래를 단수가 아닌 복수(futures)로 쓰는 것은 숙명적인 단수의 미래가 아니라 가능한 미래, 바람직한 미래, 대안의 미래, 최악의 미래 등 다양한 가능성을 열어두고 미래를 예측하기 때문입니다.

미래 예측 능력은 미래 경쟁력

토마스 홉스(Thomas Hobbes)는 『리바이어던(Leviathan)』(1651)을 통해 자연상태에서 인간은 "만인의 만인에 대한 투쟁(bellum omnium contra omnes)"을 하게 될 것이라고 말했습니다. 무한경쟁으로 치닫고 있는 오늘날의 사회도 홉스의 사회관으로부터 크게 벗어나 있지는 않은 것 같습니다. 제도적인 규제에도 불구하고 정글처럼 치열한 생존경쟁이 이뤄지고 있습니다. 무한경쟁사회를 지배하는 원리는 약육강식(弱肉强食)과 적자생존(適者生存)입니다. 약한 자는 강한 자에게 먹히고, 강한 자는 세상을 지배합니다. 변화에 적응하는 자는 살아남고, 그렇지 못한 자는 도태된다는 원리입니다.

그런데 가만히 보면 강한 자는 물리적 힘이 강한 자가 아니라 지혜롭고 환경에 잘 적응하며 어떤 변화에도 잘 살아남는 자입니다. 사자나 맹수보다 육체적으로 약하고 힘이 없는 인간이 만물의 영장으로 진화할 수 있었던 것은 지혜에 기반을 둔 생태적응력 때문입니다. 찰스 다윈(Charles Robert Darwin) 진화론의 핵심은 약육강식이 아니라 적자생존(survival of the fittest)에 있습니다. 원래 이

말은 다윈에 앞서 영국의 사회학자 허버트 스펜서(Herbert Spence)가 먼저 사용했습니다. 그는 사회도 생물유기체와 마찬가지로 발생하고 성장하거나 소멸한다고 보았으며, 진화론의 원리는 사회에도 똑같이 적용된다고 주장했습니다. 스펜서의 적자생존 이론을 '사회진화론'이라고 부르는 이유는 그 때문입니다.

▌ 찰스 다윈

    사회가 아무리 발전하고 진화해도 유토피아 세상이 도래하지 않는 한, 경쟁은 결코 사라지지 않을 것입니다. 가용 자원이 유한하기 때문입니다. 누구나 마음대로 쓸 수 있을 만큼 자원이 풍족해지지 않는 이상 생존경쟁은 피할 수 없습니다. 그래서 경쟁은 '제로섬(Zero Sum)' 게임과 같습니다. 자원의 희소성 때문에 내가 더 가지게 되면 남이 덜 가지게 되는 그런 구조입니다. 돈 벌기도 타인과의 치열한 경쟁입니다. 내가 더 벌면 다른 사람이 덜 벌게 되는 그런 경쟁입니다. 경쟁사회에서 가장 필요한 것은 치열한 경쟁에서도 이길 수 있는 경쟁력일 것입니다.

    개인이 경쟁력을 갖는다는 것은 사회 변화에 잘 적응하거나 변화를 주도적으로 이끌어갈 수 있음을 뜻합니다. 지금까지는 경쟁력이라고 하면 그 덕목으로 전문성, 지식, 민첩성, 커뮤니케이션 능력, 리더십, 디지털 리터러시, 문화적 소양 등을 꼽았습니다. 앞으로는 여기에 더해 미래 예측 능력도 반드시 포함시켜야 할 것입니다. 미래는 불확실성의 시대입니다. 한 치 앞이 보이지 않는 깜깜한 밤길에서 전조등을 켜고 앞을 비추면서 달리는 차와 전조등 없이 깜깜한 밤을 달리는 차 중 어느 차가 더 빨리 더 안전하게 달릴 수 있을까요. 앞을 비추는 전조등 역할을 하는 것이 바로 미래 예측입니다.

변화의 시대에는 진화론에서 이야기하는 적자생존의 법칙이 더욱더 힘을 발휘합니다. 변화에 잘 적응하는 자가 경쟁에서 살아남을 수 있습니다. 변화에 잘 적응하기 위해서는 변화를 관찰하면서 변화의 흐름을 잘 파악할 수 있어야 합니다. 우선은 변화에 민감해야 하고 세심한 관찰력이 있어야 합니다. 홍수처럼 범람하는 정보 중에서 유용한 정보를 수집하고, 좋은 정보와 불필요한 정보를 가려낼 줄도 알아야 합니다. 수집된 데이터나 정보를 적절히 가공하여 분석할 수 있어야 하며, 또한 분석된 결과를 바탕으로 통찰력을 발휘해 변화의 본질을 파악할 수도 있어야 합니다. 이런 능력들이 어우러져 미래 예측 능력이 되는 것입니다.

미래를 읽는 사람과 못 읽는 사람, 두 종류의 사람이 있습니다. 누가 더 경쟁력이 있을까요. 미래를 읽는 사람은 경쟁에서 살아남고, 못 읽는 사람은 뒤처집니다. 미래 예측 능력은 미래 사회를 살아가는 데 있어서 무엇보다도 강력한 경쟁력이 될 것입니다.

미래를 보는 눈

모두를 위한 미래 예측

미래 예측은 누구에게 필요한 걸까요? 특정한 그룹만을 위한 것이 아니라 모두에게 필요합니다. 미래는 모두의 것이기 때문입니다. 개인, 조직, 기업, 사회, 민족, 국가 나아가 지구와 인류 등 모두에게 미래 예측은 필요합니다. 정부에게는 국가 차원의 미래 예측이 필요하고, 기업에게는 경제, 산업, 시장과 관련된 미래 예측이 필요합니다. 개인에게는 사회 변화의 흐름을 따라잡고 자신의 진로나 노후를 대비하기 위해 필요합니다. 그 밖의 크고 작은 조직이나 단체에게도 존립과 지속적인 활동을 위해 미래 예측이 필요합니다. 개인마다, 조직마다, 기업마다 각각 관심 분야는 다르겠지만 퍼즐을 맞추듯 분야별 미래 예측들이 모이면 사회, 국가, 인류의 미래 예측 밑그림이 그려집니다.

국가나 정부는 국민의 안녕, 안전, 행복을 보장·증진하기 위한 정책을 추진하고, 공정 경쟁을 위한 규제·개입과 경제 부흥을 위한 지원도 담당합니다. 당장은 평화 국면이더라도 미래에 외부 침략이나 테러리스트의 도발, 전쟁의 가능성은 없는지 면밀히 점검하고 만일의 경우에 대비해 대응책과 시나리오들을 마련해야 합니다. 경제적 측면에서 불황, 인플레이션의 징후를 점검하고 단기·중장기적 경기를 예측해야 하며 국민들의 미래 니즈(Needs)도 사전에 예측해야 합니다. 정책을 추진할 때는 이 정책의 효과나 부작용, 영향 등에 대해서도 예측해야 합니다. 분야별 예측을 토대로 종합적인 국가 비전과 전략을 수립해야 합니다. 핀란드는 국회에 미래위원회를 상임위원회로 두고 정부의 미래 전략을 점검하고 있습니다. 새 정부가 집권하면 15년 뒤의 미래를 예측한 미래 전략을 국회에 제출토록 아예 법으로 정해놓고 있습니다.

미래 예측이 가장 절박한 것은 기업일 것입니다. 생존 문제와 직결되기 때문이죠. 기업의 존립 목적은 뭐니 뭐니 해도 영리 추구라고 할 수 있습니다. 개인에게 의식주라는 생존 문제가 우선이듯 기업도 살아남기 위해서는 채산성(採算性)이 가장 중요합니다. 기업은 재화나 용역을 생산·판매하는 조직체인데, 국내외 경제, 정치상황 등 외부 환경에 따라 부침을 거듭합니다. 수익을 많이 올릴 때도 있고, 적자를 보기도 하며, 시장 변동에 적절히 대처하지 못해 심각한 존폐의 위기를 맞기도 합니다. 그 때문에 기업은 정치, 경제, 사회, 문화의 변동에 가장 민감하게 움직여야만 합니다. 지금 주력으로 생산하고 서비스하는 재화나 용역으로 10년 후에도 안정적으로 수익을 올릴 수 있는 기업은 거의 없을 것입니다. 1955년 미국의 종합 경제지 ≪포춘≫이 선정한 세계 500대 기업 중 지금까지 살아남은 기업은 13%에 불과합니다. 그만큼 기업의 생존

경쟁은 치열합니다. 살아남기 위해서는 끊임없이 혁신해야 하고, 시장 변동이나 시시각각 변하는 소비자의 기호에 맞게 신상품을 개발·출시해야 합니다. 테크놀로지의 변화뿐만 아니라 문화 트렌드와 소비 심리의 변화까지 파악해야 합니다.

삼성, LG 같은 국내 굴지의 대기업들이 경제연구소를 운영하는 것도 이 때문입니다. 이 기업들은 세계경제와 국내외 정세, 미래 변화 트렌드 등을 체계적으로 연구하고 예측하기 위해 해외 유수대학 출신의 경제학, 경영학, 국제관계학 박사들을 채용합니다. 매년 연말이나 연초에는 대기업 경제연구소들이 한 해의 10대 이슈, 10대 트렌드 예측 등을 발표합니다. 이런 예측은 기업의 시장 대응 전략 수립이나 경영 목표 설정의 근거가 됩니다. 전경련(전국경제인연합회) 회원사 중 130여 개의 회사는 회비를 내 공동으로 민간연구소를 운영하고 있습니다. 바로 한국경제연구원입니다. 그 모태는 1963년 한국경제인협회(오늘날의 전경련) 부설기관으로 발족된 경제기술조사센터입니다. 1981년에 한국경제연구원으로 확대·개편됐는데 주로 경제 및 산업 동향에 대한 정보수집과 분석 등을 하고 있습니다. 정보 및 자료 수집·분석은 미래 예측 연구의 출발점입니다.

개인에게도 미래 예측은 중요합니다. 언제 집을 사고팔지, 대학의 어느 학과로 진학해야 졸업 후 취업에 유리할지, 인공지능시대가 오면 어떤 직업이 유망할지, 여유 자금으로 부동산, 펀드, 주식 중 어디에 투자해야 할지 등 모든 것이 미래에 맞닥뜨려야 하는 문제들입니다. 진로, 취업, 투자, 노후대책 등 생애 전 주기에 걸쳐 개인은 매 순간 중요한 선택을 합니다. 세상에 공짜 점심은 없습니다. 기도하고 바라기만 해서는 행운이 찾아오지 않습니다. 변화의 흐름을 놓치지 않고 따라잡아야 제대로 선택할 수 있고 그래야 능동적으로 미래를 맞을 수 있습니다. 아무리 재능이 뛰어난 사람이라도 철저히 준비한 자를 당할 수는 없는 법입니다. 고난이 있을 것을 알면 차라리 마음의 준비를 할 수 있습니다. 하지만 어떤 미래가 올지 불확실할 때는 불안감만 갖게 됩니다. 정말 힘든 것은 객관적으로 어려운 상황이 아니라 닥쳐올 상황 자체를 알 수 없는 경우입니다. 미래에 대한 불확실성이야말로 두려움의 근원입니다.

2부

미래 예측, 어떻게 하는가

미래, 노력하면 보인다

미래(未來)라는 말을 한자로 풀어보면 '아직 오지 않은 시간'입니다. 표준국어대사전에는 '앞으로 올 때'라고 정의되어 있습니다. 한자어인 미래를 우리말로 순화하면 '앞날'입니다. 그렇다면 미래 예측은 미래로 미리 떠나보는 여행쯤 될 것입니다. 그런데 아직 오지도 않은 미래로 어떻게 떠난다는 것이며, 도대체 어떻게 미래를 예측할 수 있다는 것일까요. 아인슈타인의 상대성이론을 이용해 타임머신을 만들고 미래로 여행을 떠나자는 그런 이야기는 물론 아닙니다.

　한번 생각해봅시다. 가보지 않고 겪어보지 않으면 알 수 없는 걸까요? 또한 미래에 닥칠 일을 사전에 예측하는 것은 전혀 불가능한 일일까요? 그렇지 않습니다. 겪어보지 않고도 알 수 있으며, 닥치지 않은 일도 예측 가능합니다. 예측은 할 수 있되, 검증이나 확인을 할 수 없을 뿐입니다. 만약 '겪지 않으면 알 수 없다'고 가정한다면 우리가 일생 동안 알 수 있는 것은 매우 제한적일 것입니다. 직접 겪지 않은 역사적 사실들은 모두가 알 수 없는 것이 되고, 과학적 추론이나 경제학, 사회과학 등의 모든 이론도 알 수 없는 것이 되어버립니다. 결국 초경험적인 것의 존재나 본질은 인식불가능하다고 생각하는 이른바 '불가지론(不可知論)'에 빠지고 말 것입니다. 그렇게 된다면 생각, 상상력, 분석, 통찰력 등도 아무런 소용없는 것이 됩니다.

만물의 영장인 인간이 다른 동물과 구별되는 특징은 여러 가지가 있지만, 이성적 사고를 하고 상상할 수 있다는 점, 도구와 언어, 상징체계를 사용하는 점 등을 대표적으로 꼽을 수 있습니다. 현생인류는 아니지만 약 150만 년 전 홍적세(洪績世)에 살았던 인류는 '손재주를 가진 도구적 인간'을 뜻하는 '호모하빌리스(Homo Habilis)'였습니다. 인간은 미디어(매개체, 도구)를 이용해 제한적인 자신의 감각을 확장하기도 하고 간접경험을 하기도 합니다. 직접 겪지 않은 것은 간접경험을 통한 추론으로 인식하는 능력을 갖고 있는 존재가 인간입니다. 가령 조류, 개미, 쥐, 고래 같은 동물들은 지진, 해일, 화산폭발 등의 천재지변이 닥치기 직전에 본능적으로 위기를 감지하고 보다 안전한 곳으로 이동합니다. 인도네시아 수마트라섬에 사는 원주민들은 이런 동물들의 이동을 보고, 위기를 미루어 짐작합니다. 일부 동물들이 본능적으로 위기를 감지한다는 점에 비춰 볼 때 인간은 동물 중에서 아마 감각이 아주 둔한 동물 중 하나일 것입니다. 인간은 본능적 감각이 둔하지만 대신 이성적 사고와 분석, 통찰력과 판단을 통해 예측할 수 있습니다. 감각으로 느껴 예측하든, 판단으로 예측하든 모두가 예측입니다. 슈퍼컴퓨터로 데이터를 분석해 예측하는 것도 미래 예측이고, 수마트라섬 원주민들이 동물의 이동을 보고 위기를 감지하는 것도 하나의 미래 예측입니다.

하지만 우리가 이야기하는 미래 예측은 본능으로 감지하는 것을 말하지는 않으며 도구적 이성과 합리적 사고를 바탕으로 이루어지는 예측을 말합니다. 인간은 무엇보다도 '과학기술'이라는 강력한 도구를 갖고 있습니다. 과학기술은 미래 예측에서 유용한 수단입니다. 그렇다고 해서 분석적·도구적 이성이나 사고가 전지전능하다는 의미는 결코 아닙니다. 거듭 말하지만 미래를 예측하는 것은 정답을 찾는 것이 아닙니다. 객관적 정보나 합리적 판단으로 그럴듯한 가능성을 예측하는 것입니다.

미래 예측은 사실 규명이 아니라 하나의 가설 주장입니다. 우주의 빅뱅부터 모든 것의 역사를 다루는 빅 히스토리 연구자 미시건대학교 밥 베인(Bob Bain) 교수의 설명에 의하면, 주장이란 우리가 어떤 정보를 신뢰할 만하다고 판단할 때 활용하는 결론, 단언 등을 말합니다. 그런데 주장의 신뢰성은 직관, 권위, 논리, 증거라는 네 가지 신뢰성 판단 기준(claim tester) 가운데 하나에 근거합니다.● 미래 예측은 보통 객관적 데이터의 분석을 통해 이루어지며, 직관이나 논리 등의 방법을 사용합니다.

미래 예측이 숙련된 미래학자나 전문가들만 할 수 있는 고유

● 데이비드 크리스천·밥 베인, 『빅 히스토리』, 조지형 옮김(해나무, 2013), 33쪽.

영역이라고 생각한다면 그것은 선입견입니다. 나 자신의 미래는 점괘가 신통한 점쟁이보다는 나를 가장 잘 알고 있는 부모나 친구, 혹은 나 자신이 가장 객관적으로 예측할 수 있을 것입니다. 우리의 삶은 분명 개개인이 통제하지 못하는 '운'이나 '우연'에 의해 좌우되기도 하지만, 상당 부분은 객관적 사실의 축적이나 인과관계에 의해 결정됩니다. 열심히 공부한 사람은 시험에 합격하고, 요령을 피우며 공부를 게을리한 사람은 시험에 불합격하리라는 것은 누구나 쉽게 예측할 수 있습니다. 콩 심은 데 콩 나고 팥 심은 데 팥 난다는 속담은 사실 생물학의 기본 원리입니다. 이런 원리를 알고 있다면 콩을 심고 잘 가꾸면 콩이 난다는 것을 예측할 수 있고, 콩을 심었는데 미래에 팥이 나지 않으리라는 것도 예측할 수 있습니다. 아는 만큼 보이는 법입니다. 충분한 데이터를 갖고 있고 원리를 제대로 이해한다면 그만큼 미래도 잘 보이기 마련입니다. 특정 분야의 전문가라면 나름대로 그 분야의 미래에 대한 안목을 가질 수 있기에 그 분야만큼은 누구보다 더 잘 예측할 수 있습니다.

미래 예측은 미래학자가 아니라도 할 수 있습니다. 노력하면 길이 열리듯, 노력하면 미래도 볼 수 있습니다. 물론 미래 예측을 잘하려면 좀 더 세련된 기술이 필요할 것입니다. 데이터 수집과 분석 능력, 트렌드 분석과 객관적 예측 방법론 등이 그것입니다.

꿈, 비전과 미래

나에게는 꿈이 있습니다. 언젠가 이 나라가 떨쳐 일어나 진정한 의미의 국가 이념을 실천하리라는 꿈, "모든 인간은 평등하게 태어났다는 진리"를 모두가 자명한 진실로 받아들이는 날이 오리라는 꿈입니다.

1963년 8월 28일 노예해방 100주년 기념 평화대행진에서 워싱턴 DC에 운집한 20만 군중 앞에서 흑인민권운동 지도자 마틴 루터 킹(Martin Luther King Jr.) 목사는 '나에게는 꿈이 있습니다(I have a Dream)'라는 제목의 역사적인 명연설로 사람들의 심금을 울렸습니다. 그가 그렇게 그리던 흑인 해방의 꿈, 자유의 꿈은 결국 실현되었습니다.

누구나 이루고 싶은 꿈이 있을 것입니다. 돈을 많이

❚ 워싱턴 대행진 연설 중인 마틴 루터 킹 목사

벌어 억만장자가 되겠다는 꿈, 대중들에게 사랑받는 멋진 아이돌 연예인이 되겠다는 꿈, 좋은 대학에 진학하고 글로벌 기업에 취업하겠다는 꿈, 재난로봇을 만들어 위험한 사람들을 구하겠다는 꿈 등 우리는 크고 작은 꿈들을 갖고 살아갑니다. 과거와 현재는 힘들어도 미래에 대한 희망의 끈을 놓지 않는 것은 이 꿈 때문입니다.

꿈은 실현하고 싶은 희망이나 이상을 말합니다. 보통 꿈이라고 하면 막연하지만, 막연한 꿈을 좀 더 구체적으로 그려놓은 것이 바로 '비전(vision)'입니다. 그리고 비전이 달성되었는지를 가늠해볼 수 있는 척도를 '목표(Goal)'라고 합니다. 꿈이나 비전을 갖고 있다는 것은 미래에 대한 소망을 갖고 있다는 것입니다. 그런데 꿈이나 비전은 저절로 이루어지는 않습니다. 그것을 달성하려면, 그 목표에 도달하려고 부단히 노력해야만 합니다. 노력 없이 저절로 이루어지지는 않습니다. 그것은 요행수에 불과합니다. 너무 쉽게 이루어지는 꿈은 별로 가치가 없으며 반대로 아무리 노력해도 이루기 힘든 꿈을 갖는 것은 헛된 기대일 수 있습니다. 자신의 능력과 객관적인 환경 등을 고려해서 자신에게 맞는 꿈과 비전을 그려야 합니다. 또한 막연히 마음속으로 그리기만 하기보다는 이를 종이에 적어볼 때 훨씬 구체화되고 실현 가능성도 높아질 수 있습니다.

비전을 갖고 있는 사람과 비전을 갖고 있지 않은 사람은 삶의 태도나 자세에서 큰 차이를 보입니다. 실제 결과에서도 차이가 납니다. 비전을 갖고 있다는 것은 퍼즐을 맞추는 데 있어서 밑그림을 갖고 있는 것과 비슷합니다. 밑그림을 갖고 있으면 그만큼 목표도

미래를 보는 눈

명확해지고 퍼즐을 맞추기도 쉬워지는 법입니다. 1979년 하버드 경영대학원에서는 재학생들을 대상으로 졸업 후의 목표에 대한 의식조사를 했습니다. 이 조사에서 구체적 목표가 없다고 답한 학생은 84%, 장래 목표는 있지만 구체적으로 적어본 적이 없다고 답한 학생은 13%였습니다. 나머지 3%의 학생은 명확한 목표가 있고 또한 이를 구체적으로 적어보았다고 답했습니다. 10년 후 같은 이들을 대상으로 종단조사*를 한 결과, 장래 목표를 종이에 적어본 3%의 졸업들은 나머지 97%의 졸업생들보다 10배가 넘는 돈을 벌고 있는 것으로 조사되었다고 합니다. 이렇게 장래 목표를 갖고 있는지, 이를 종이에 적어보고 구체화했는지 등은 실제로 미래의 성공에 크게 영향을 줍니다. 두 사람이 구멍가게처럼 시작한 비즈니스가 어떻게 이런 대기업으로 성장할 수 있었냐는 질문을 받은 빌 게이츠는 "행운도 따랐지만 가장 중요한 것은 비전이었다"고 답했습니다. 이렇게 비전은 성패에 결정적 요인이 될 수 있습니다. 베스트셀러 작가이자 영화제작자인 그레그 S. 레이드(Greg S. Reid)는 이렇게 말했습니다.

꿈을 날짜와 함께 적어 놓으면 그것은 목표가 되고, 목표를 잘게 나누면 그것은 계획이 되며, 그 계획을 실행에 옮기면 꿈이 실현되는 것이다.

● 동일한 집단을 대상으로 시간의 추이에 따라 변화과정을 추적하는 조사.

경영컨설턴트들은 기업이나 조직을 진단하고 전략을 컨설팅할 때, 현재 상황을 'AS-IS'로, 추구하는 지향점, 즉 미래 비전은 'TO-BE'로 두고 설명하곤 합니다. 꿈과 비전은 우리가 바라는 미래상입니다. 꿈을 이루려는 욕망이 강할수록 그 꿈을 이루기 위해 더 노력하고 계획적으로 미래를 준비해야 합니다. 꿈과 비전이 요행수로 달성되는 경우는 거의 없습니다. 열심히 노력하는 가운데 환경 변화나 변화의 흐름을 정확히 파악하는 것이 중요합니다. 여기에 더해 미래 예측 능력이 필요합니다. 미래를 능동적으로 준비하고 목표에 따라 차근차근 계획을 실현하면 꿈과 비전을 이룰 수 있습니다. 진인사대천명(盡人事待天命), 즉 인간으로서 해야 할 일을 다하고 나서 하늘의 뜻을 기다려야 합니다. 인간으로서 해야 할 일에는 노력과 함께 비전 설계와 미래 예측도 포함됩니다.

미래 예측과 미래 창조

미래가 만약 숙명처럼 미리 정해져 있다면 그냥 담담하게 받아들일 수밖에 없을 것입니다. 그런 경우 우리가 능동적으로 할 수 있는 여지는 없습니다. 하지만 미래는 연극 대본이 아닙니다. 오히려 각본 없는 드라마라고 할 수 있습니다. 미래는 인간이 만드는 것이며, 인간의 노력과 실천으로 바뀔 수 있습니다. 적어도 미래학의 입장은 그렇습니다.

미래 예측 전문가나 미래학자는 미래를 열린 가능성으로 봅니다. 미래 예측가이기도 한 경영학자 피터 드러커(Peter Drucker)는 "미래를 예측하는 가장 좋은 방법은 미래를 창조하는 것"이라는 명언을 남겼습니다. 미래 예측이 정해진 미래를 단지 예측하는 것이라면 점성술이나 점치기와 별반 다를 것이 없을 것입니다. 미래 예측은 예측에서 끝나는 것이 아닙니다. 예측으로부터 전략과 구체적 계획이 나오고 그것이 행동으로 이어져야만 미래 예측이 의미를 갖습니다. 예측하고 전략만 세워서는 아무 일도 일어나지 않는다는 것입니다.

한 설문조사에서 "기업가정신을 가장 잘 느낄 수 있는 기업인 어록은 무엇인가"를 물어봤더니 1위가 현대그룹 창업자 정주영 회장의 "이봐, 해봤어?"로 나타났다고 합니다.• 아무리 좋은 생각이라도 해보지 않으면 탁상공론에 불과합니다. 미래에 대한 아무리 좋은 청사진이라도 책상 서랍에 넣어두기만 하면 미래를 창조할 수 없습니다. 성공한 CEO들의 한결같은 특징은 누구보다 실행력이 강하다는 것입니다. 조직이건 개인이건 변화를 이끄는 것은 바로 실행력입니다. 일본의 중견 CEO 도요다 게이치는 『생각과 행동 사이』라는 책에서 생각이 많고 핑계를 대고 머뭇거리는 사람들에게 "행동하라"고 조언하며 생각과 행동의 간극을 없애는 것이 중요하다고 강조합니다. 그는 너무 많은 생각에만 빠져, 행동하지 않고 살아가면 삶의 내용이 부실해진다고 말합니다.

생각이 많아지다 보니 행동력은 당연히 떨어졌습니다. 생각과 행동 사이의 거리가 매우 멀어진 것이지요. 몸으로 행한 것이 자신의 삶인데 이렇게 생각과 행동 사이가 멀어지면 삶의 내용이 부실해지는 것은 당연합니다.••

동서고금을 막론하고 위인들은 행동의 중요성을 강조해왔습

• "기업인 최고어록은 정주영 회장의 '이봐, 해봤어!'", ≪연합뉴스≫, 2015년 10월 22일.
•• 도요다 게이치, 『생각과 행동 사이』, 고경문 옮김(거름, 2013), 5~6쪽.

미래를 보는 눈

니다. 정조 이산 어록에 보면 "지(知)와 행(行)이라는 두 글자는 마치 수레의 두 바퀴와도 같고 새의 양 날개와도 같아서 어느 하나만을 없애버릴 수 없다"는 대목이 나옵니다. 지행합일(知行合一)을 이야기하고 있는 것이죠. 결단력과 추진력이 남달랐던 나폴레옹 보나파르트도 "생각할 수 있는 시간을 가져라. 하지만 행동을 해야 할 때가 되면 생각하기를 멈추고 바로 행동으로 뛰어들어라"라고 말했습니다.

발명왕 에디슨의 유명한 말 "천재는 99%의 땀과 1%의 영감으로 이루어진다"에서 에디슨이 말한 땀은 바로 노력과 행동입니다. 발명 과정에서 유독 실패를 많이 경험한 에디슨에게 어떤 기자가 1만 번의 실패에 대해 묻자 에디슨은 이렇게 답했습니다.

실패라니요. 저는 1만 번의 시행착오를 거쳐 성공했던 겁니다. 실패한 게 아니라 제대로 작동되지 않는 1만 가지의 방법을 찾아낸 거지요.

실패나 좌절 없이 성공하기는 힘든 법입니다. 작지만 강한 나라 이스라엘은 자원이 절대적으로 부족하지만 과학기술을 바탕으로 창업국가로 발돋움한 나라입니다. 이스라엘이 창업국가가 될 수 있었던 비결 중 하나는 바로 실패를 용인하는 문화입니다. 이스라엘은 정부와 민간이 합동으로 스타트업 기업을 지원하기 위해 1993년에 요즈마(Yozma) 펀드를 조성했습니다. 요즈마는 히브리어로 '창의, 독창, 창업' 등을 의미합니다. 얼마 전 요즈마 펀드 그룹의 이갈 에를리히(Yigal Erlich) 회장이 방한해 머니투데이 방송 대담에 출연했습니다. 그는 "이스라엘에서는 정부 자금을 받아 스타트업을 하다가 실패해도 또 지원받는 데 아무런 어려움이 없다"며 창업생태계 조성을 위해서는 실패를 용인하는 문화가 무엇보다 중요하다고 강조했습니다.•••

구슬이 서 말이라도 꿰어야 보배입니다. 요즘 고부가가치 산업이자 미래 먹거리로 주목받고 있는 문화콘텐츠 분야에서도 스토리텔링(storytelling) 대신 스토리두잉(storydoing)을 이야기하고 있습니다.•••• 생각이 생각에서만 머문다면 그냥 잠재력을 가진 씨앗에 불과합니다. 생각의 싹을 틔우고 꽃피우는 것은 다름 아닌 행동입니다. 시행착오도 겪고 실패도 거치면서 비로소 변화가 생깁니다. 생각은 행동을 낳고 행동은 미래를 창조합니다. 역사는 인간이 행동하며 살아온 삶의 궤적입니다. 미래 예측은 생각이고, 미래 창조는 행동입니다. 미래 예측과 미래 창조의 간극을 없앨 때 실질적인 변화가 이루어집니다. 실행력은 생각을 행동으로 옮기는 힘입니

••• "감성인터뷰 [더리더] 이갈 에를리히 요즈마 그룹회장", 머니투데이 방송, 2016년 6월 8일.

•••• 윤주, 『스토리텔링에서 스토리두잉으로』(살림, 2017) 참조. 지역 전문가 윤주는 이 책에서 스토리텔링(storytelling)은 문자가 발명되기 전부터 존재해왔고 최근에는 한 단계 발전해 스토리두잉(storydoing)으로 진화했지만 여기에서 머무르지 말고 스토리리빙(storyliving)으로까지 나아가야 한다고 말한다.

다. 미래 예측력은 실행력과 결합할 때 비로소 미래 창조력이 될
수 있습니다.

미래학자 토플러의 혜안

21세기의 문맹자는 글을 읽고 쓸 줄 모르는 사람이 아니라 배우고,
배운 걸 일부러 잊고, 다시 배울 줄 모르는 사람이다.

2016년 6월 27일 87세를 일기로 타계한 저명한 미래학자 앨빈
토플러(Alvin Toffler)의 어록 중 하나입니다. 그는 누구보다 지식의
역할과 힘을 강조했던 미래학자였습니다. 무명의 저널리스트였던
토플러는 1970년에 출간한 『미래 쇼크(The Future Shock)』, 1980년
에 출간한 『제3의 물결(The Third Wave)』, 그리고 10년 후에 내놓
은 『권력 이동(The Powershift)』 등 세
권의 책으로 세계적인 지식인의 반열
에 올랐습니다. 10년 단위로 출간된
이 책들은 이른바 '토플러의 삼부작'으
로 불리며, 미래학에 대한 대중적 관심
을 불러일으키는 데 지대한 기여를 했
습니다. 토플러는 뉴욕대학교에서 영

▌ 앨빈 토플러

미래를 보는 눈

문학을 전공했고, 공장에서 용접공 생활도 했으며, 신문기자로도 활동했습니다. 과학, 법학, 문학 등 다방면에 조예가 깊은 만물박사였습니다. 미래학자 하면 대부분 토플러를 가장 먼저 떠올릴 정도로 그는 가장 대중적인 미래학자였습니다.

원래 미래학이라는 분야는 미래예측연구소나 전문가들의 특수한 영역이었습니다. 군사전략, 산업전략 등에 관한 용역 연구 형태로 주로 진행됐는데, 1970년대에 접어들면서 미래학자들의 대중적인 활동이 두드러지기 시작했습니다. 그들은 당시 사회현상과 변화의 징후들을 관찰하면서 새로운 미래 사회의 도래를 예견했는데 그 선두에 섰던 사람이 앨빈 토플러였습니다. 『미래의 충격』에서 토플러는 특히 '변화의 속도'에 주목했습니다. 그는 인간이 출현한 이후 5만 년을 대략 62년이라는 생명대로 나누어보면 약 800번의 생명대가 있다고 말합니다. 800번의 생명대 중 650번의 생명대는 동굴에서 보냈으며, 최근에 가까운 70번의 생명대 동안만 다음 생명대로의 효과적인 커뮤니케이션이 가능했다고 합니다. 인류는 지난 두 생명대 동안만 전기 모터를 사용할 수 있었고, 오늘날 일상생활에 사용하고 있는 물품들 대다수는 800번째의 생명대인 현재에 와서야 개발되었습니다.•

토플러는 기술과 지식은 급변하는데 인간의 적응력은 이를 따라가지 못해 충격이 나타난다고 보았습니다. 그가 말한 미래의 충

•   앨빈 토플러, 『미래의 충격』, 장을병 옮김(범우사, 2012), 24~25쪽.

격이란 결국 변화의 속도에서 나온 산물로, 기존 문화에 새로운 문화를 중첩시킴으로써 나타나는 문화 충격을 말합니다. 『제3의 물결』에서는 농업혁명, 산업혁명에 이어 나타나는 탈산업 정보화를 '제3의 물결'이라 이름 붙였고, 『권력 이동』에서는 변화의 주체에 주목했습니다. 과거의 권력이 물리적 힘, 군사력, 자본 등에 기반을 두었다면 미래 권력의 원천은 지식이라고 주장하며 앞으로의 세계는 지식을 소유하고 있는 사람들에 의해 지배될 것이라고 예견했습니다.

토플러는 한국에도 여러 차례 방문해 교육, 경제, 산업 등에 대해 아낌없이 조언했으며 쓴소리도 마다하지 않았습니다. 2001년에는 정보통신정책연구원(KISDI)로부터 연구 용역을 의뢰받아 「위기를 넘어서: 21세기 한국의 비전」이라는 보고서를 발표했습니다. 이 보고서는 당시 김대중 대통령에게도 전달됐습니다.

> 한국은 지금 선택의 기로에 있다. 그 선택은 현재의 모든 한국인뿐만 아니라 향후 수십 년 동안 자손들에게도 영향을 미칠 것이다. 한국인이 스스로 선택하지 않는다면 타인에 의해 선택을 강요당할 것이다. 선택은 다름 아닌 저임금경제를 바탕으로 하는 종속국가로 남을 것인가 아니면 경쟁력을 확보하고 세계경제에서 주도적인 역할을 수행하는 선도국가로 남을 것인가 하는 것이다. … 오늘날 한국 내의 교육체계는 반복작업하의 굴뚝경제체제에 기초한 형태로 발전되고 학생들을 교육시켜왔다. 하지만 제3의 물결에서의 교육

방식과 내용은 이와는 크게 다르다. 한국이 지식기반경제로 보다 진취적으로 이행하기 위해서는 기업이나 노조뿐만 아니라 교육기관들 역시 변화되지 않으면 안 된다. … 21세기 한국의 교육시스템은 어느 곳에서나 혁신적이고 독립적으로 생각할 수 있는 능력을 배양함을 통해 그러한 환경에 적응하고 살아갈 수 있도록 학생들을 준비시킬 필요가 있다.**

15년 전 보고서에 담긴 국가 개혁에 관한 그의 조언은 오늘날에도 여전히 유효합니다. 그의 조언을 되새겨보며 지난 15년을 겸허하게 돌아볼 필요가 있습니다. 그의 충고와 제언을 충실히 따랐다면 지금의 한국은 더 경쟁력 있고 유연한 국가가 되었을지도 모릅니다. 앞으로 글로벌 무한경쟁과 급변하는 국내외 환경으로 우리의 미래는 더 불확실해질 것입니다. 그때가 되면 미래를 내다본 토플러의 혜안이 그리워질 것입니다.

** 앨빈 토플러, 「위기를 넘어서: 21세기 한국의 비전」(정보통신정책연구원, 2001), 11쪽, 80~81쪽.

미래, 미생, 미존의 공통점

사람들은 현재를 살고 있지만 미래에 대한 궁금증을 품고 살기도 합니다. 지금 현실이 힘든 사람은 '미래에는 좀 나아지겠지'라며 스스로를 위로하기도 하죠. 하루하루 열심히 살면서 장밋빛 미래의 꿈을 그려보는 사람들도 있을 것입니다. 5년 후 나의 삶, 10년 후 한국, 100년 후 인류의 미래는 어떻게 될지 가깝거나 먼 미래에 대해 생각하고 상상합니다. 미래(未來)는 글자 그대로 오지 않은 시간입니다. 아직 가지 않은 길이기에 가보기 전에는 알 수가 없습니다.

2014년, 웹툰 원작의 드라마 〈미생(未生)〉이 큰 인기를 누렸습니다. 미생이란 원래 바둑용어입니다. '바둑에서 집이나 대마가 아직 완전하게 살아 있지 않은 상태'를 미생이라고 합니다. 요컨대 반상의 돌이 갖추어야 할 완생(完生)의 최소 조건인 독립된 두 눈이 없는 상태를 말합니다. 드라마에서는 미숙한 샐러리맨들을 아직 완전히 살아 있지 않은 미생에 빗대었고, 스토리를 아주 현실감 있고 재미있게 풀어내 직장인들로부터 큰 공감을 얻었습니다.

미래학회의 초대회장인 KAIST의 이광형 교수는 '미존(未存)'이라는 이름의 기상천외한 수업을 개설해 운영하고 있습니다. 미존은 '세상에 존재하지 않는 것'을 말합니다. 한 번도 존재한 적이 없는 사물, 아무도 상상해보지 않는 사물이나 전혀 새로운 개념을 이야기하고 토론하는 수업입니다. 미존 수업에서는 오직 미존만을 말해야 하고 이미 존재하는 것을 말하면 안 됩니다. 수업 방식마저도 미존이라서 정해진 것이 아무 것도 없습니다. 때로는 서서 수업을 하고 어떤 때는 둘러 마주앉아 수업하기도 하고 운영하는 방식까지도 그때그때 정해가면서 수업합니다. 교수가 강의를 하고 학생들이 수업을 받는 방식이 아니라 함께 수업에 참여하면서 만들어가는 전대미문의 교육실험이죠.

그렇다면 미래, 미생, 미존의 공통점은 뭘까요. 셋 다 '아닐 미(未) 자'를 사용하고 있다는 것입니다. 미래, 미생, 미존은 아직은 아니지만 언젠가는 일어날 가능성을 배태하고 있다는 의미로 해석할 수 있습니다. 가지 않은 길이기에 가면서 만들 수 있고, 지금은 완전하게 살아 있지 않지만 언젠가는 완생의 대마로 성장할 수 있습니다. 미존 역시 현재는 존재하지 않지만 미래에는 현실이 될 수 있습니다. 미래가 현재가 되고, 미생이 완생이 되고, 미존이 현존이 될 가능성을 갖고 있는 것입니다.

우리가 미래를 생각하는 것은 희망 때문입니다. 절망하고 좌절하는 사람은 미래를 생각하지도 꿈꾸지도 않습니다. 미래를 예측하거나 미래 전략을 수립하는 목적은 미래의 희망을 찾기 위해서입니다. 지나온 과거는 바꿀 수 없기 때문에 과거에서 희망을 찾

기는 어렵습니다. 과거에는 오직 기억이 있을 뿐입니다. 아직 일어
나지 않은 미래에만 희망이 존재합니다. 과거에 이루지 못한 일,
현재 살면서 제대로 못하고 있는 일을 미래에는 이룰 수 있기 때문
입니다.

미래는 열린 가능성입니다. 미래와 희망은 동전의 양면과 같
습니다. 미래를 이야기하는 사람은 희망을 이야기하는 사람입니
다. 미래가 밝은 나라는 희망이 있고, 미래가 어두운 나라는 희망
이 없습니다. 미래를 밝히려면 미래에 대한 두려움을 버리고 친근
함을 가져야 합니다. 늘 미래에 대해 이야기하고 토론하는 문화를
만들어야 하고, 함께 미래를 그리고 만드는 노력을 해야 됩니다.

미생의 마지막 회에는 현대 중국문학을 대표하는 『아Q정전』
의 작가 루쉰(魯迅)의 단편소설 『고향』의 한 대목이 나옵니다.

나는 생각했다. 희망이란 원래 있다고도 할 수 없고 없다고도 할
수 없는 것 아닌가. 마치 땅 위의 길처럼. 본래 땅 위에는 길이 있었
던 것이 아니다. 다니는 사람이 많아져서 길이 된 거다.

미래가 희망이 될 수 있는 것은 가능성이 있기 때문입니다. 길
이 없는 곳에는 길이 만들어질 가능성이 있습니다. 지금의 길보다
더 좋은 길이 만들어질 가능성도 있습니다. 하지만 거저 만들어지
지는 않습니다. 가지 않은 길을 가는 데에는 누군가의 용기가 필요
합니다. 누군가 먼저 발을 내딛어야 하고 길을 만들어야 합니다.

미래도 마찬가지입니다. 밝은 미래는 운명처럼 주어지지 않습니다. 누군가 먼저 미래를 생각하고 예측하고 준비하고 개척해야 합니다.

미래 시나리오가 필요하다

2016년 6월 23일(현지시간), 세계인의 이목이 집중된 가운데 영국은 유럽연합 탈퇴를 결정했습니다. 영국인들이 국민투표로 브렉시트 (Brexit)를 선택한 것은 그야말로 역사적 사건이었습니다. 브렉시트 란 영국(Britain)과 탈퇴(Exit)의 합성어로 영국의 유럽연합(EU) 탈퇴 를 뜻하는 신조어입니다. 그리스의 유로존 탈퇴를 일컫는 그렉시 트(Grexit)에서 따온 말이죠. 집권 보수당의 데이비드 캐머런(David Cameron) 영국 총리는 2015년 5월 총선 당시에 만약 총선에서 승리 하면 2017년까지 유럽연합 탈퇴 여부를 묻는 국민투표를 실시하겠 다는 공약을 내걸었습니다. 선거 승리 후 연설에서 이를 명확히 했 는데, 이것이 브렉시트의 시작이었습니다. 유럽연합 탈퇴냐 잔류 냐를 둘러싸고 영국은 국론 분열을 맞았습니다. 역사적으로 고립 주의에 익숙하던 섬나라는 결국 국민투표를 거쳐 공식적으로 유럽 연합에서 탈퇴했습니다. 1946년 윈스턴 처칠(Winston Churchill) 총 리가 유럽합중국을 만들자는 구상을 내놓은 지 70년 만에 처칠의 꿈은 브렉시트로 좌절되고 말았습니다.

유럽연합의 전신인 유럽경제공동체를 만든 것은 프랑스, 독일, 이탈리아, 벨기에, 네덜란드, 룩셈부르크 등 여섯 개 국가였습니다. 브렉시트 후 이들 여섯 개국 외무장관들은 긴급하게 브렉시트 후속 대책 논의를 위해 만났습니다. 유럽연합 집행위원회도 브렉시트 절차를 논의하는 등 유럽연합의 시계는 바쁘게 돌아가기 시작했죠. 사실 국민투표 캠페인 초반에는 탈퇴 여론이 높았습니다. 하지만 노동당 국회의원 조 콕스(Jo Cox) 테러 사망 사건으로 브렉시트 주장은 한풀 꺾이는 듯했고, 여론은 거의 반반으로 갈렸습니다. 국민투표 직전 대부분의 언론들은 영국의 유럽연합 잔류, 즉 브리메인(Bretain + Remain: Bremain)을 예측했습니다. 무수히 많은 여론조사를 실시했지만 브렉시트를 예측한 전문가나 언론은 거의 없었습니다. 베팅업체들이 발표한 브렉시트 확률은 40%를 밑돌았고, 도박사들도 대부분 브리메인을 점쳤습니다.

그러나 이런 예상과는 달리 이민 문제 등에 불만을 가진 영국의 노년층과 저소득층, 그리고 여전히 과거 화려했던 대영제국 시절의 영광을 꿈꾸고 있는 유권자들은 대거 브렉시트에 투표했습니다. 유럽의 운명을 뒤흔들 대사건 앞에서 전문가 대부분의 예측이 틀린 것이죠. 세계화와 국경 없는 유럽연합에 익숙하고 미래지향적인 청년층이나 도시민들의 선택은 오히려 외면당하고 말았습니다. 과거지향이 미래지향을, 노년층이 청년층을 압도한 결과로 나타난 것입니다. 앞으로 영국의회가 국민투표를 무효화할 가능성이나 유럽연합에 재가입할 가능성은 거의 없습니다. 새로 총리가 된

테레사 메이(Theresa May)는 조만간 유럽연합 탈퇴 희망국이 회원국들과 2년간 탈퇴 협상을 한다는 절차적 내용을 담은 리스본 조약 50조를 발동하고 유럽연합 탈퇴 협상을 시작할 것입니다. 영국 국민의 선택은 존중돼야 합니다. 다만 그 책임은 그들 자신이 지고 가야만 합니다. 브렉시트 이후의 미래에 대해서는 지금부터라도 예측하고 준비해야 할 것입니다. 그것은 브렉시트를 예측하지 못했던 세계 여러 나라들도 마찬가지입니다.

역사적으로 유럽연합을 주도한 것은 프랑스와 독일이었고, 영국은 늘 그게 불만이었습니다. 사실 영국은 유로존에도 가입하지 않은 국가입니다. 그럼에도 영국의 국제적 위상 때문에 브렉시트의 파장은 클 수밖에 없습니다. 가장 영향을 많이 받는 것은 영국 자신이고 그다음은 유럽연합입니다. 브렉시트는 결국 세계 전체에 크고 작은 영향을 끼칠 것입니다. 브렉시트의 후폭풍은 거셌습니다. 브렉시트 이튿날 전 세계 증시의 시가총액은 하루 만에 약 3000조 원(2조 5000억 달러)이 증발했습니다. 세계금융시장이 요동쳤고, 국제 질서 재편 이야기도 심심찮게 나오기 시작했습니다. 브렉시트가 방아쇠 역할을 하면서 그리스는 그렉시트(GREXIT), 이탈리아는 이탈리브(ITALEAVE), 체코는 체크아웃(CZECHOUT), 핀란드는 피니시(FINISH)를 선택해 유럽공동체의 대대적인 균열이 일어날 거라는 극단적인 예측도 나오고 있습니다.

한국 입장에서도 브렉시트는 강 건너 불구경이 아닙니다. 브라질에 있는 나비의 날갯짓이 미국 텍사스에 토네이도를 일으킬 수 있다는 이른바 '나비효과(Butterfly effect)'는 세계화 시대에는 더욱더 큰 힘을 발휘할 수 있습니다. 브렉시트 소식이 전해지자 우리 정부는 신속하게 관계기관 합동점검반 회의를 열었습니다. 기재부, 산업부, 금융위, 한국은행, 금융감독원 등이 참석한 회의에서 금융시장 동향과 주요국 대응 현황에 대한 점검이 이뤄졌고, 당시 사태를 '불확실성이 크고, 파장을 예단하기 어려운 상황'이라 평가했습니다. 인공지능, 4차 산업혁명, 브렉시트 등 굵직굵직한 사건과 흐름은 미래의 불확실성을 예고하고 있습니다. 게다가 국정농단 사태로 촉발된 대통령 탄핵도 국가적인 위기입니다. 이러한 위기 상황에서는 보통 미래를 준비한 자와 그렇지 못한 자의 운명이 극명하게 갈리기 마련입니다. 평소 최악의 시나리오에 대비하고 준비해온 자는 불확실한 미래를 극복하면서 오히려 기회를 만들 수 있습니다. 위기 국면에서는 우리 정부, 기업, 연구소, 기관들이 그동안 미래 시나리오를 차근차근 준비해왔는지를 먼저 점검해봐야 합니다. 사건이 터진 후에 부랴부랴 대책회의를 백 번 열어봤자 임시방편에 그칠 것입니다.

　미래 예측 방법론 중에는 '시나리오 기법'이라는 게 있습니다. 원래 시나리오는 영화를 만들기 위해 쓴 각본을 말하는데 장면, 순서, 배우의 행동, 대사 따위가 상세하게 담겨있습니다. 이런 시나리오처럼 상상력을 발휘해 미래에 대한 각본을 써보는 것이 시나리오 기법입니다. 미래의 다양한 가능성을 점검하고 각각의 전개 과정을 추측해 미래의 가상적 상황에 대한 시나리오들을 마련하고 개연성이 있는 문제점을 예상해보는 것입니다. 시나리오 기법은 '미래에 어떤 일들이 일어날 수 있는가, 이런 사건들은 또한 어떠한 일들을 일으킬 수 있는가'라는 질문을 가정하고 여기에 답하는 방식으로 시나리오를 만드는 방법입니다. 미래 예측 기법 중 가장 많이 활용되는 방법 중 하나죠. 중요한 것은 최선의 상황에서 최악의 상황까지 복수의 시나리오를 준비한다는 것입니다. 보통은 세네 개의 시나리오가 적당합니다. 언론보도에서도 시나리오 기법이 광범하게 활용됩니다. 전문가들의 예측을 바탕으로 가능한 몇 개의 시나리오를 작성해 소개하는 방식입니다. 가령 대통령 탄핵심판 때도 탄핵인용, 기각, 각하 등 각각의 경우 정국의 향후 시나리오를 가상해 소개한 기사들이 많았습니다. 이러한 시나리오는 정치, 경제, 사회, 문화 모든 부문에서 가능합니다.

　　정부는 브렉시트 같은 사건이 가져올 극단적 상황을 가정한 미래 시나리오까지도 준비해야 하며, 기업은 국제시장 변동성에 대비한 다양한 시나리오를 만들어야 합니다. 위기는 위험을 동반하지만 새로운 기회를 가져다주기도 합니다. 하지만 그 기회는 누구에게나 주어지는 것이 아닙니다. 미래를 예측하고 최악의 시나리오까지 준비하고 있어야만 기회를 얻을 수 있는 법입니다.

　　　　　　　　　　　　　　　　　　　미래를 보는 눈

미래 예측과 집단지성

브렉시트와 같이 예기치 못한 사건에 부닥치게 되면 으레 전문가를 찾기 마련입니다. 답답한 마음에 브렉시트 이후 유럽은 어떻게 될지, 세계금융시장은 어떤 방향으로 흘러갈지, 한국은 어떤 영향을 받을지 등에 대해 물어봅니다. 하지만 사전 예측도 제대로 못한 전문가가 미래를 예측하기란 어려울 것입니다. 더군다나 브렉시트 같은 상황은 정치, 경제, 사회, 문화, 역사, 민족주의 등 여러 가지 복합적 요인들이 빚어낸 결과이므로 전문가 한 명이 그 의미를 해설하면서 미래를 예측할 수는 없습니다.

모든 분야를 통달한 전지전능한 만물박사는 없습니다. 그렇다면 분야별 전문가들이 모여 각자의 전문 지식을 총동원하고 지혜를 모아 미래 예측을 위한 실마리를 찾아야 합니다. 전문용어로 이를 '집단지성(Collective Intelligence)'이라 부릅니다. 혼자의 눈에는 안 보이던 윤곽이 여럿이 함께 볼 때 잡힐 수 있습니다. 정확히 예견하는 것은 불가능하겠지만 방향성이나 추세, 개연성은 충분히 추론할 수 있습니다. 미래 예측은 깜깜한 미래를 향해 전조등을 비

추는 것과 같습니다. 한 명의 전문가
가 전조등을 비추는 것보다 여러 명
의 전문가들이 함께 전조등을 비추
는 것이 더 멀리 더 또렷이 보기에 용
이합니다.

■ 프랜시스 골턴

우생학(優生學, eugenics)*의 창시
자로 알려진 프랜시스 골턴(Francis
Galton)의 에피소드는 집단지성의 위

력을 이야기할 때 종종 인용됩니다. 골턴은 1906년 우연히 우시장
에서 황소 무게를 눈대중으로 알아맞히는 대회를 목격했습니다.
이 대회에는 무려 800여 명이 참가했는데 그 누구도 황소 무게를
정확히 맞히지 못했습니다. 하지만 놀라웠던 것은 대회 참가자들
이 적어낸 무게의 평균을 계산해본 결과 황소의 실제 무게와 거의
비슷했다는 것입니다. 추정 평균치는 1197파운드였고 황소의 실제
무게는 1198파운드였다고 합니다. 황소 전문가들이 써낸 추정치보
다 전체 참가자들이 써낸 추정치의 평균값이 더 정확했다는 이야
기입니다. 골턴은 이 이해할 수 없는 놀라운 사실을 1907년 과학저
널 ≪네이처≫에 발표합니다. 개별적인 한 사람 한 사람의 지식이

* 1883년 프랜시스 골턴이 창시한 학문으로 인류를 유전학적으로 개량할 것을 목
  적으로 여러 가지 조건과 인자 등을 연구하는 학문이다. 유전학, 의학, 통계학 등
  을 기초로 한다.

나 지혜는 미미해 보일지라도 그것이 모이면 시너지 효과를 내고 누구도 예상 못 한 놀라운 힘을 발휘할 수 있음을 시사해줍니다.

　미래는 앞이 보이지 않는 미지의 세상입니다. 미래 예측이야 말로 집단지성이 필요한 영역입니다. 한 분야의 전문가가 혼자서 할 수 있는 영역이 아니기 때문에 반드시 협업이 필요합니다. 방대하고 복잡한 문제일수록 집단지성은 더 큰 힘을 발휘할 수 있습니다. 브렉시트만 하더라도 그 의미를 진단하고 미래를 전망하기 위해서는 유럽지역학, 유럽연합 정책, 금융, 국제관계, 국제법, 외교, 유럽사, 사회심리, 민족문제, 과학기술 등 분야별 전문가의 식견이 필요합니다. 한 분야 전문가의 예측만으로는 장님 코끼리 만지기에 머물 수밖에 없습니다. 오늘날은 천부적인 예지력과 재능을 가진 전문가 한 사람이 미래를 예측할 수 있는 그런 시대가 아닙니다.

　미래 예측에서 '시나리오 기법'과 함께 많이 사용되는 것은 '델파이 기법(Delphi technique)'입니다. 델파이 기법은 전문가의 집단지성을 활용하는 방법입니다. 여러 명의 전문가들을 대상으로 반복적인 설문조사를 해서 의견을 모으고 교환하면서 공통 의견을 추출하고 수렴하는 방식으로 미래를 예측하는 것입니다. '전문가 합의법'이라고도 부르는데, 원래 1948년 미국 랜드(RAND)연구소에서 처음 개발돼 군사, 교육, 연구개발, 정보처리 등 다양한 분야의 미래 예측에 이용되고 있습니다. 델파이 기법이라는 명칭은 고대 그리스에서 미래를 알기 위해 델포이 신전에서 신탁(神託)을 행했던 데서 유래합니다. 신탁이란 신이 사람을 매개자로 하여 그의 뜻을 나타내거나 인간의 물음에 답하는 것을 말합니다. 요컨대 신에게 미래를 묻듯이 전문가들에게 미래를 묻는 것이 델파이 기법입니다. 이 기법은 몇 가지 장점을 갖고 있습니다. 첫째, 응답자의 익명을 보장하므로 미묘한 사안에 대해 솔직한 의견을 들을 수 있습니다. 둘째, 피드백 등 반복 과정을 통하여 미래 예측의 논점과 이슈를 모아갈 수 있습니다. 셋째, 많은 전문가의 의견을 통계적으로 분석하기 때문에 확률적인 정확성을 추구할 수 있습니다. 한국에서는 1971년 한국미래학회와 한국과학기술연구소가 함께 펴낸「서기 2000년의 한국에 관한 조사연구」보고서에서 국내 최초로 델파이 기법을 미래 연구에 적용해 서기 2000년의 미래상을 본격적으로 탐구하기도 했습니다.

백짓장도 맞들면 낫습니다. 전문가들이 맞들면 더 나을 것입니다. 전문가들의 식견과 지혜가 모이면 보다 객관적이고 개연성이 높은 미래 예측이 가능합니다. 현실 문제가 너무 많아서인지 한국에는 내로라하는 미래학자도, 전문적인 미래연구소도 없습니다. 솔직히 말해서 미래를 준비할 자세가 제대로 돼 있지 않은 사회입니다. 무엇보다 미래에 대한 관심과 참여가 시급합니다. 현실이 이러할진대, 당장 우리가 맞닥뜨려야 할 4차 산업혁명과 인공지능시대, 브렉시트, 남북 관계 등 엄중한 미래에 지혜롭게 대처할 수 있을지 걱정이 앞섭니다. 당장 미래 이슈에 대해 의견을 나누고 소통할 수 있는 열린 공간부터 마련해야 할 것입니다. 밀실에서 정책 결정자와 관계자와 전문가 몇 명이 모여 대책을 논의할 것이 아니라 이슈를 공론화하고 더 많은 사람들이 집단지성 방식으로 참여하는 것이 바람직합니다. 일반인, 대중의 참여는 많을수록 좋습니다. 미래는 특정 집단만의 것이 아니라 우리 모두의 것이기 때문입니다.

미래에 대해 관심을 갖는 것은 자연스러운 일입니다. 누구나 현실은 고달파도 미래에 대한 희망을 갖고 싶어 합니다. 우선 온라인 공간에서라도 미래에 대한 관심을 공유하고 미래에 대한 예측, 기대를 소통할 수 있는 개방형 플랫폼을 만들어보면 어떨까요. 이러한 '미래소통 플랫폼'은 현재와 미래를 이어주는 소통의 장이자, 미래 예측을 위한 집단지성의 활동 공간 역할을 할 수 있을 것입니다. 정말 힘든 것은 객관적으로 어려운 상황이 아니라 닥쳐올 상황 자체를 알 수 없는 경우입니다. 미래에 대한 불확실성이야말로 두려움의 근원입니다. 이제 미래 예측은 사람들의 습관이 돼야 합니다. 습관이 축적되면 문화가 됩니다. 미래를 자주 이야기함으로써 미래에 대한 불안감도 줄어나가고 미래 예측에 친숙한 사회문화를 만들어야 합니다.

3부

미래 사회의 이슈와 쟁점

알파고 쇼크와 인간의 미래

2016년 3월, 바둑 천재 이세돌과 구글 딥마인드(DeepMind)가 개발한 인공지능(Artificial Intelligence: AI) 알파고 간의 바둑 대결은 '인간 대표 대 기계'의 구도로 세간의 관심을 끌었습니다. 대국이 시작되기 전에는 대부분의 전문가들이 이세돌의 완승을 예견했습니다. 이미 컴퓨터가 체스 세계챔피언을 꺾었고 또한 인공지능이 퀴즈 챔피언까지 물리쳤지만 그래도 바둑은 좀 다를 거라고 생각했던 거죠. 가로, 세로 19줄의 반상에서 가능한 바둑의 경우의 수는 10의 170승이나 된다고 하니 거의 무한대에 가깝다고 할 수 있습니다. 그래서 아무리 연산 능력이 뛰어난 인공지능이라 하더라도 아직은 인간을 따라잡을 수 없을 거라 전문가들은 예측했습니다. 무한한 경우의 수가 있고 창의적인 한 수와 직관력으로 승부하는 게임인 바둑에서 인간이 인공지능에게 무너지리라고 예측한 사람은 거의 없었습니다.

그래서인지 이세돌의 첫 번째 패배는 엄청난 충격을 안겨주었습니다. 이어진 두 번째, 세 번째의 연패는 좌절감과 무기력감을 안겨주었습니다. 3연패 후 엄청난 집중력을 발휘한 이세돌이 4국에서 알파고에 이겼을 때 사람들은 환호했습니다. 이세돌 개인이 아니라 인간이 승리한 듯한 느낌을 주면서 안도감과 희망까지 가져다주는 듯했습니다. 하지만 마지막 5국에서 이세돌은 1000여 개의 CPU로 연결된 정교한 인공지능 알파고의 벽을 넘지 못하고 또다시 무너졌습니다. 마지막 5국에서의 패배는 인공지능에 대한 두려움을 다시금 실감하게 해주었습니다.

인공지능 알파고의 엄청난 위력이 가져온 충격, 이른바 알파고 쇼크 이후 사람들이 부쩍 미래 이야기를 많이 하기 시작했습니다. 인공지능 기계의 압도적인 능력에 대한 두려움 때문일 수도 있겠지만 그 저변에는 기계문명이 가져다줄 미래의 불확실성에 대한 불안감이 도사리고 있습니다. 사람들이 이야기하는 미래는 인간의 미래이기도 하지만 다른 한편으로는 기계의 미래이기도 합니다.

앞으로는 인공지능을 장착한 로봇이 사람의 일자리를 위협할 것이고, 언젠가는 사람처럼 생각하는 강한 인공지능●까지 만들어질 수 있습니다. 영국 일간지 ≪가디언≫은 최근 "부자들은 로봇을

● 인공지능은 '강한 인공지능(Strong AI)'과 '약한 인종지능(weak AI)'으로 나눌 수 있다. 강한 인공지능은 어떤 문제를 사람처럼 사고하고 해결할 수 있으며 어느 정도 독립성, 자유의지까지 갖춘 인공지능을 말한다. 약한 인공지능은 인간처럼 세상을 알아보고, 인간의 언어를 이해하지만 컴퓨터 기반이므로 진짜 지능이나 지성을 갖추고 있지는 않은 인공지능을 말한다. 알파고는 고도의 연산 능력에 자가학습 능력까지 갖추고 있지만 여전히 약한 인공지능에 속한다.

미래를 보는 눈

소유하고, 가난한 자들은 일자리 담보대출(job mortgage)을 받는 미래가 올지 모른다"는 인공지능 전문가 제리 카플란(Jerry Kaplan) 스탠퍼드대학교 교수의 말을 인용해 보도했습니다.•• 청소 로봇, 육아 로봇에서 로봇 교사, 로봇 기자, 로봇 판사에 이르기까지 로봇은 뛰어난 계산 능력과 정보처리 및 분석 능력, 합리적 추론과 판단 능력으로 인간이 수행하는 많은 직업을 대체할 수 있습니다. 데이터만 넣으면 미래의 가상 시나리오가 나오고, 단기 예측은 물론 중장기 예측도 척척 해내는 인공지능 미래 예측 컴퓨터까지 개발될지도 모릅니다. 미래 예측이 데이터와 정보, 추세 등에 기반을 둔다면 빅데이터 시대에 인공지능 미래 예측은 충분히 있을 법한 일입니다. 지금도 많은 양의 데이터와 정보를 신속하고 정확하게 처리하는 것은 컴퓨터가 담당하고 있습니다. 인류가 살아가야 할 미래, 우리가 앞으로 겪게 될 미래에 대한 걱정과 우려, 관심이 그 어느 때보다 커지고 있습니다.

지금은 인공지능이 가져올 미래에 대해 폭발적인 관심이 표출되고 있지만, 사실 이세돌과 알파고의 대결 이전까지는 인공지능이 이렇다 할 주목을 받지 못했습니다. 알파고 쇼크 이후에 지능정보기술연구원(AIRI)이라는 연구소가 급하게 설립되었지만 글로벌 경쟁력을 갖추기 위해서는 상당한 시간이 걸릴 것으로 보입니다.

•• "AI 로봇공포, 부자는 로봇 소유, 가난한 자는 일자리 모기지", ≪아시아투데이≫, 2016년 3월 13일.

돌이켜보면 한국에서도 이미 몇 년 전 인공지능을 장착한 로봇 교도관을 선보였으나 석연치 않은 이유로 중단된 사례가 있습니다. 이명박 정부 당시 지식경제부 지원으로 개발된 '세계 최초의 교도소 내 순찰로봇' 이야기입니다. 2012년 3월 서울에서 열린 아시아 교정포럼 국제회의에서 선보인 키 150cm, 무게 70kg의 이 휴머노이드 로봇은 두 눈과 몸통에 달린 카메라로 수형자의 모습을 실시간으로 관제실에 전송하고 수형자 행동 패턴을 분석해 자살, 폭력, 자해 등 이상 징후를 포착하는 인공지능을 장착하고 있었습니다. 하지만 시범 운행 후 수형자 행동 분석 기능의 문제점을 이유로 폐기가 결정되었습니다. 진짜 이유는 로봇이 인간 교도관을 대체하게 될지도 모른다는 우려에 따른 교도관들의 반대와 사회적 논란 때문이라고 보는 해석도 있습니다. 미래에 대한 관심은 많으나 준비는 하지 않고 있고, 미래 변화에 대한 기대보다는 막연한 불안감만 가지고 있는 우리 사회의 현주소를 보여준 사례라 할 수 있습니다. 알파고 쇼크로 미래는 우리 앞에 성큼 다가와 있습니다. 이제 인류는 피할 수 없는 변화의 소용돌이를 지혜롭게 극복해나가야 합니다.

미래를 보는 눈

인공지능과 멋진 신세계

인공지능기술은 우리에게 '멋진 신세계'를 가져다줄 수 있을까요?
얼마 전 다시 읽은 올더스 헉슬리(Aldous Huxley)의 『멋진 신세계
(Brave New World)』가 생각납니다. 이 소설이 발표된 게 1932년이
니 참으로 오래된 미래소설입니다. 과학기술이 최고도로 발달해
사회의 모든 면을 계획적으로 관리하고 인간의 출생, 행복, 자유마
저 통제하는 미래의 문명 세계를 희화적으로 그린 작품입니다.
100년이 다 되어가는 아주 오래전의 소설인데도 이야기의 전개가
얼마나 기발하고 재미있던지 끝을 보기 전까지 한순간도 손에서
뗄 수가 없을 정도였습니다. 이야기는 미국의 자동차왕 헨리 포드
(Henry Ford)가 T형 자동차를 대량으로 생산한 해를 기원으로 삼은
서기 2540년경부터 시작됩니다. 소설 속에서 인간은 고도로 발달
한 기계문명과 과학기술 덕분에 모든 재앙과 위험으로부터 벗어납
니다. 가난, 질병으로부터는 완전히 해방됐고, 죄나 고통 따위에
주눅이 들지 않는 평온한 삶을 삽니다. 감정이 불안해지면 '소마'라
는 약을 먹고 감정을 조절하며 행복한 마음을 유지합니다.

하지만 인간은 출산이 아닌 인공 부화로 태어나고, 기계로 양육되며, 획일적 속성을 부여받습니다. 불행, 고통, 위험으로부터 해방된 대신 인간은 부모, 고향, 자기 기원(origin)을 가질 수 없으며, 사사로운 감정, 편견, 고집, 주장, 사랑, 신앙 등은 모두 사라져 버립니다. 야만국에서 우연히 이 문명권에 오게 된 주인공 존은 처음에는 '멋진 신세계'의 평화롭고 멋진 모습에 감동합니다. 하지만 곧바로 그것이 소수 통치자들에 의해 조작된 행복임을 간파하고 절망합니다. 그는 결국 자살을 선택하게 되죠. 인위적으로 만들어진 이 '멋진 신세계'는 기계가 인간을 지배하고, 인간은 인간 자신을 잃어버린 디스토피아 세상이었던 것입니다. 완벽하고 안전하고 편리한 세상으로 보이지만, 불쾌감을 안겨주는 것이 있으면 참는 법을 배우는 대신 모두 제거해버리는 그런 사회 말입니다. 이 소설을 통해 헉슬리가 던지고 싶었던 메시지는 무엇이었을까요. 그는 아마 '어떤 것이 진정한 행복이며 인간은 무엇인가'라는 근본적 질문을 던지고 싶었을 것입니다. 주인공 존은 세상의 지배자인 머스타파 몬드 총통과의 대화에서 "저는 불편한 것을 좋아하고 불행해질 권리를 요구합니다"라고 당당히 말합니다. 그는 나이 먹어 추해질 권리, 내일 무슨 일이 일어날지 몰라 불안에 떨 권리, 표현할 수 없는 고민에 시달릴 권리까지 요구하죠. 그게 바로 인간의 모습입니다.

얼마 전 방한했던 베스트셀러 『사피엔스(Sapiens)』의 저자, 이스라엘의 역사학자 유발 하라리(Yuval Harari)는 인간이 신을 창조하면서 역사가 시작됐지만, 인공지능을 만들어 스스로 신이 되면서 현생인류의 역사는 종말을 맞게 될 거라는 섬뜩한 예견을 했습니다. 현생인류의 종말, 기계와 인간의 공존, 기계와 결합된 포스트 휴먼의 출현 등 SF소설에나 나올 법한 이야기들이 점점 현실로 다가오고 있습니다.

미래학자 레이먼드 커즈와일(Raymond Kurzweil) 역시 비슷한 맥락에서 머지않아 기계가 인간을 능가하는 시점인 '특이점'을 맞게 될 것이라 예측합니다. 특이점이 오면 인간의 종말이 올 수도 있다는 불안감 속에서 우리는 비로소 우리 자신을 되돌아보게 될 것입니다. 기계의 위협을 맞닥뜨린 인간이 스스로를 성찰하는 것입니다. 인간이 만들어낸 인공지능과 과학기술의 위력 앞에서 인간 자신이 인간의 삶과 본질을 생각한다는 것은 아이러니입니다.

그렇다면 인공지능시대에서 인간 존재의 의미, 즉 인간 고유의 가치에 대한 성찰을 어디서부터 시작해야 할까요? 먼저 인간의 감정 중 가장 고귀하고 인간적인 감정이라 할 수 있는 사랑에서 시작해야 하겠습니다. 마음으로 사랑하는 힘은 아마도 인공지능이 가질 수 없는 가장 인간적이며 위대한 능력일 것입니다. 인공지능이 발달하면 인간은 인공지능과 함께 살아야겠지만 인공지능과 인간은 본질적으로 다른 존재입니다. 인간은 인공지능 기계가 아니라 인간을 사랑해야 합니다. 인간에 대한 사랑은 곧 자기 자신에 대한 사랑이기도 합니다.

또 인간이 질문하는 존재라는 것도 염두에 두어야 합니다. 호기심을 갖고 부단히 질문하고 그 질문에 대한 답을 찾으면서 인간의 문명은 진화하고 발전해왔습니다. 미래에는 '우리는 누구인가', '행복이란 무엇인가', '사랑이란 무엇인가' 등 정답 없는 질문을 더 진지하게 던져야 할 것입니다. 인간이 없다면 인공지능도, 과학기술도 있을 수 없습니다. 아무리 편리하고 안전하고 풍요로운 세상이 오더라도 인간이 소외되거나 잊혀진다면 다가올 '멋진 신세계'는 결코 멋지지도, 인간적이지도 않을 것입니다.

미래의 지구환경

지구의 나이는 46억 살입니다. 태양계의 오래된 행성 지구는 미래에 어떤 모습으로 남아 있을까요. SF영화들을 보면 지구의 미래를 그리 긍정적으로 그리고 있지는 않습니다. 아마 지구의 미래에 대한 우려와 근심이 크기 때문일 것입니다.

팀 버튼(Tim Burton) 감독의 리메이크작으로 2001년 개봉된 영화 〈혹성탈출(Planet of the Apes)〉의 배경은 2029년입니다. 지구에서 쏘아 올린 우주정거장에서는 인류의 기원을 밝히는 연구가 진행되고 있고, 공군 대위 레오가 탄 소우주선이 불시착한 이름 모를 행성의 모습은 어둡기만 합니다. 원시의 모습을 하고 있는 곳에서 인간은 유인원의 노예로 살고 있는데, 알고 보니 이것이 바로 지구였습니다. 2009년, 3D 영화 시대를 열었던 제임스 카메론 감독의 블록버스터 〈아바타(Avatar)〉의 배경은 2154년입니다. 지구는 심각한 에너지 고갈 문제에 직면했고 인류는 지구로부터 멀리 떨어진 '판도라'라는 이름의 행성에서 대체 자원을 채굴하는 것으로 이야기가 시작됩니다. 2014년에 개봉돼 크게 흥행했던 〈인터스텔라

(Interstellar)〉가 그리는 미래 지구의 모습도 암울하기는 마찬가지입니다. 세계 각국의 정부와 경제는 완전히 붕괴되었고, 20세기에 범했던 잘못으로 지구는 식량 위기를 맞습니다.

이런 영화들이 그리고 있는 미래 지구의 모습은 하나 같이 밝지가 않습니다. 상당수의 미래 예측 보고서 역시 2050년까지 세계 인구는 90억 명을 넘을 것이고 에너지 고갈과 환경오염, 물 부족, 식량 부족 등으로 큰 위기를 맞게 될 것으로 예측하고 있습니다. 기후변화로 지구의 온도는 계속 높아지고 있고 산업화의 동력원이었던 화석연료는 빠른 속도로 고갈돼가고 있으며, 무분별한 개발로 지구환경은 오염되거나 파괴되고 있습니다.

UN대학교 미국위원회의 국제미래전략그룹이 주도하는 미래 예측 프로젝트 '밀레니엄 프로젝트'에서는 매년 미래학자, 과학자와 각 분야 전문가들이 모여 10년 이상의 장기적인 미래를 예측해 『유엔미래보고서』라는 제목의 책을 내고 있습니다. 2011년에 출간한 『유엔미래보고서 2025』는 미래 예측과 함께 경제, 산업, 과학기술, 환경 등에 대한 메가트렌드를 분석하고 있습니다. 밀레니엄 프로젝트가 예측한 20가지 메가트렌드로는 '세계 권력이 계속 아시아로 이동하고 있다', '정보와 기술은 거리에 구애받지 않을 것이다', '문명화된 사회에서는 컴퓨터가 점점 더 많은 의사결정을 한다', '윤리문제가 대두된다', '지구생태계가 무너진다' 등이 있습니다.•

• 박영숙·제롬 글렌 외, 『유엔미래보고서 2025』(교보문고, 2011), 8~19쪽.

미래를 보는 눈

2016년 출간한 『유엔미래보고서 2050』에서는 미래 주요 도전 과제로 '기후변화와 지속 가능 발전', '인구 증가와 자원의 균형', '교육의 미래', '에너지 수요 증가', '과학기술의 발전과 삶의 질', '윤리적 의사결정' 등 15가지 항목을 꼽고 있습니다.

두 보고서에는 정치·경제·사회적인 문제에 대한 예측이나 이슈도 있지만 미래 예측 중 많은 부분은 지구환경, 기후변화, 에너지 문제 등과 관련이 있습니다. 무엇보다 인류가 살아가야 하는 환경이 중요하기 때문입니다. 지구의 평균기온은 매년 사상 최고치를 갱신하고 있고, 지구온난화의 주범인 이산화탄소 배출량은 심각한 수준에 이르렀습니다. 한국의 경우 2015년 현재 이산화탄소의 연평균 농도는 407ppm으로 지구 평균 400ppm을 상회하고 있고,•• 이산화탄소 배출량도 세계 상위권이라서 주의를 기울여야 합니다. 전문가들에 의하면 오늘날의 지구는 자연의 재생 능력을 50% 정도 초과하는 수준으로 자원을 소비하고 있다고 합니다. 과연 지구환경의 변화를 10년 후, 30년 후의 일이라며 먼 미래의 일로 치부할 수 있을까요? 이것은 당장 다음 세대의 생존권 문제고, 우리 자신이 가까운 미래에 직면할 환경문제이기도 합니다.

공수래공수거(空手來空手去), 즉 인간은 아무 것도 손에 들고 온 것이 없이 태어나 죽을 때도 평생 모은 것을 버려두고 빈손으로 돌

•• "한반도 이산화탄소 농도, 세계 평균보다 빠르게 증가", ≪국민일보≫, 2016년 10월 24일.

아갑니다. 지구도, 환경도, 공기도 어느 것 하나 누구의 소유물이 될 수는 없습니다. 오염시켜서도 안 되겠지요. 지속 가능성 없이는 미래도 없습니다. 지구환경은 더욱 그러합니다. 지구환경 보전을 위해 자연이 허용하는 범위 내에서 균형 있고 조화로운 발전을 추구하는 '지속 가능 발전(Sustainable Development)'이 발전의 패러다임이 돼야 합니다. 미래 예측과 준비는 기본적으로 지속 가능 발전이라는 관점을 바탕으로 이루어져야 합니다.

미래를 보는 눈

메이커의 시대

언제나 변화의 시기에는 변화를 읽는 키워드들이 있습니다. 이 키워드를 중심으로 새로운 담론이 형성되고 변화가 이루어집니다. 요즘 시대를 읽는 키워드로는 어떤 것이 있을까요. 사물인터넷, 인공지능, 빅데이터, 4차 산업혁명 등을 떠올릴 수도 있겠지만, 우리는 특히 '메이커(Maker)'라는 키워드에 주목해야 합니다. 국어사전에 찾아보면 메이커의 첫 번째 의미는 '상품을 만든 사람 또는 회사'라고 정의되어 있고, 두 번째 의미는 '유명한 제작자나 명품 제조업체'라고 되어 있습니다. 보통은 두 번째 의미로 메이커라는 용어가 통용되고 있죠.

하지만 변화의 트렌드를 이야기하는 지금, 우리가 주목해야 하는 메이커는 명품 브랜드가 아니라 '만드는 것을 즐기는 DIY족이면서 혁신가인 메이커'입니다. IT계의 거장이자 베스트셀러 저술가인 크리스 앤더슨(Chris Anderson)은 『메이커스(Makers)』라는 책에서 '제조업의 디지털화와 민주화'로 누구나 디지털 도구를 이용해 자신의 아이디어를 구현하고 제작할 수 있는 새로운 시대가

도래하고 있다고 강조했습니다.[•]

　IT기술이 발전하면서 모든 것이 디지털화되고 있고 언제 어디서나 정보를 공유하고 활용할 수 있는 세상이 되었습니다. 3D 프린터, 레이저 커터, CNC 조각기 등 디지털 공작 기계들은 기존에는 산업 현장에서만 사용하던 고가 전문 장비였지만 지금은 누구나 사용할 수 있는 보편적이고 대중적인 기계가 되었죠. 이런 현상을 앤더슨은 '제조업의 민주화'라 불렀습니다. 덕분에 자신이 스스로 고안하고 만들어 사용하는 프로슈머(prosumer)나 아이디어 하나로 창업까지 할 수 있는 1인 창업가의 활동이 가능해졌습니다.

　전통적인 소유의 개념도 변하고 있습니다. 사실 사적인 소유는 자본주의 경제의 가장 기본적인 토대였는데, 이제 소유의 개념이 퇴색되고 있습니다. 대신 접속, 공유 등 새로운 개념들로 대체되고 있죠. 미국의 석학 제러미 리프킨(Jeremy Rifkin)은 일찍이 2000년에『소유의 종말(The Age of Access)』이라는 책을 통해 이러한 현상을 진단한 바 있습니다.[••] 앞서 기술 발전과 자동화로 인해 지칠 줄 모르는 기계가 인간 노동을 빼앗는 이른바 '노동의 종말' 현상에 주목했던 리프킨이 전통적 자본주의의 소유 양식의 종말을 고한 것입니다. 그는 더 이상 '소유'는 필요하지 않으며, 물건은 빌려 사용하고 인간의 체험, 경험까지도 돈을 주고 사는 새로운 자본

[•]　크리스 앤더슨 ,『메이커스』, 윤태경 옮김(알에이치코리아, 2013).

[••]　제러미 리프킨 저,『소유의 종말』, 이희재 옮김(민음사, 2001).

주의가 시작되고 있음을 갈파했습니다. 물질을 소유하는 방식이 아니라 가치를 추구하는 다양성의 시대가 되었고, 소유보다는 접속을 통해 가치를 누리고 공유하고자 한다는 것입니다. 하버드대학교 로렌스 레식(Lawrence Lessig) 교수는 소유하는 방식이 아니라 서로 빌려 쓰는 경제활동, 협력소비를 기본으로 하는 경제 방식을 '공유경제(sharing economy)'라고 명명했습니다. 전 세계 숙박공유 서비스인 에어비앤비(Airbnb), 정수기 렌탈로 새로운 시장을 개척한 웅진 코웨이 등의 성공 사례들은 공유경제의 폭발적 잠재력을 보여주었습니다.

한편으로는 디지털 기술이 빠른 속도로 발전하고 있고, 다른 한편으로는 협업, 공유 기반의 문화가 확산되면서 이른바 '메이커' 들이 시대 변화를 이끌어가는 주역으로 떠오르고 있습니다. 원래 인간은 자연에 순응해 살기보다 자신에게 필요한 것을 능동적으로 만들면서 살아온 존재입니다. 인간은 만들고 창작하는 본능을 갖고 있으며, 인간이 유·무형의 산물을 만들어온 역사가 바로 인간 문화의 역사입니다.

주변을 둘러보면 팹랩(Fab Lab), 무한상상실 등과 같이 디지털 장비를 갖춘 메이커 스페이스들이 속속 생겨나고 있습니다. 무한 상상실은 국민의 창의성, 상상력, 아이디어를 발굴하고 아이디어를 바탕으로 시험·제작을 하거나 UCC 제작, 스토리 창작 등을 할 수 있는 생활권 내 창의공간을 말합니다. 이제 누구나 관심과 열정만 있으면 전문가의 도움을 받아 자신의 아이디어를 설계하고 바로 시제품도 만들 수 있습니다. 아이디어만 좋으면 인터넷을 통해 크라우드펀딩(crowd funding)●●●으로 투자를 받고 스스로 제조업자가 될 수도 있습니다. 발명가가 곧 기업가가 될 수 있는 시대입니다. 이런 변화의 시대에는 메이커의 역할이 점점 커질 수밖에 없습니다.

●●● 크라우드펀딩은 '대중(crowd)로부터 자금을 모은다'는 뜻으로 소셜미디어나 인터넷 등의 매체를 활용해 공개적으로 프로젝트를 공유하고 소액 자금을 모으는 투자 방식이다. 주로 예술가나 메이커들이 자신의 창작 프로젝트나 사회공익 프로젝트를 통해 익명의 다수에게 투자를 받는 방식으로 이루어진다.

미래를 보는 눈

미래 디지털 세상, 왝더독 앞의 인간

디지털화(digitization)는 피할 수 없는 흐름이며, 앞으로도 더욱 가속화될 것입니다. 인공지능, 빅데이터, 사물인터넷 등은 기본적으로 디지털화에 기반을 둡니다. 디지털화에 따라 디지털이 아날로그를 위협하고 인공지능이 인간을 위협하는 듯한 징후가 곳곳에서 감지되고 있습니다. 현생인류 호모사피엔스가 지구상에 출현한 것은 약 20만 년 전입니다. 인공지능시대를 맞아 이제 인류가 일대 존재의 위기를 맞고 있다는 파격적인 주장들까지 나오고 있습니다. 이러한 위기 인식은 한낱 기우에 불과할까요?

디지털 세상은 한편에서 보면 전면적인 왝더독 세상이라고 할 수 있습니다. '왝더독(Wag the dog)'이란 말은 '꼬리가 개의 몸통을 흔든다'는 뜻입니다. 앞뒤가 바뀌고 주객이 바뀌고 본말이 전도된 경우를 가리킵니다. 경제에서는 선물이 현물 주식시장을 흔드는 현상을 말하고, 정치적으로는 정치인이 여론의 시선을 다른 곳으로 돌리기 위해 연막을 치는 행위를 가리킵니다.

1997년 개봉된 영화 〈왝더독〉은 정치적 왝더독을 잘 보여주고 있습니다. 이 영화는 미국 대선을 12일 앞두고 벌어진 충격적인 사건을 배경으로 합니다. 바로 백악관에 견학 온 걸스카우트 학생이 성추행을 당한 사건입니다. 이 사건으로 현직 대통령의 재선이 어려울 수 있다고 판단한 대통령 참모진은 사건을 덮기 위해 미국 국민들에게 생소한 알바니아를 적대국으로 만들어 전쟁 위기감을 고조시키고, 알바니아전에서 억류된 가상의 군인을 전쟁 영웅으로 미화하는 사기극을 벌입니다.

맥도날드 매장에서 햄버거를 사면 덤으로 피규어를 주자 온라인 중고 장터에서는 한때 맥도날드 피규어가 인기 아이템으로 등장했습니다. 이런 것도 왝더독이라고 할 수 있습니다. 피규어를 갖기 위해 햄버거를 사고, 화장품을 받기 위해 잡지를 사고, 자전거를 받으려고 신문을 구독하는 등 우리 일상 곳곳에서 왝더독 현상이 나타납니다.

기계나 미디어에서도 왝더독 현상이 만연해 있습니다. 테크놀로지의 산물인 미디어는 한계가 있는 인간의 오감을 확장하기 위해 만든 일종의 발명품입니다. 캐나다의 문화비평가 마셜 매클루언(Marshall McLuhan)은 1960년대에 『미디어의 이해(Understanding Media)』등의 명저를 통해 '미디어는 인간의 확장'이라는 해석을 내놓았습니다. 망원경, 현미경, 보청기, 자동차, 비행기, 전화 등의 미디어는 모두 인간의 확장입니다. 멀리 보거나 미세한 것을 보기 위해 망원경, 현미경이 발명됐고, 먼 곳으로 빨리 이동하기 위해 자동차와 비행기가 만들어졌습니다. 전화는 멀리 떨어져 있어도 실

　　　　　　　　　　　　　　　미래를 보는 눈

시간으로 소통할 수 있게 해주었습니다. 요컨대 망원경, 현미경은 인간 시각의 확장이고, 자동차, 비행기는 인간 다리의 확장이고, 전화는 인간 청각의 확장인 셈입니다. 이러한 미디어는 인간의 감각을 확장시켜주고 속도와 편리함을 선사해줍니다.

미디어로 인해 인간의 삶은 편리하고 윤택해졌지만 너무 과한 나머지 주객이 전도되고 사람들은 미디어에 매몰돼 오히려 편리함의 노예가 되고 있습니다. 소통의 도구로 만들어진 스마트폰 때문에 사람들은 밥상머리에서조차 대화를 하지 않고 각자 휴대전화만 쳐다보곤 합니다. 길거리에서도 많은 사람들이 스마트폰을 들여다보며 길을 걷고 있어 스마트폰(Smart phone)과 좀비(Zombie)를 합성한 스몸비족(Smombie)이라는 신조어까지 생겨났습니다. 스몸비들은 스마트폰 사용에 몰입해 주변 환경을 인지하지 못하면서 보행합니다. 그 때문에 늘 사고 위험을 안고 있어 각 나라에서는 스몸비 대책들도 마련되고 있습니다. 홍콩 도로에는 '휴대전화만 보며 걷지 마세요'라는 안내판이 붙었고, 스웨덴 스톡홀름 도로에는 '스마트폰을 보며 걷는 사람을 조심하라'는 내용의 경고판을 설치

했습니다. 스마트폰은 현대인의 신체 일부라도 된 듯 한시라도 몸에서 분리되지 않습니다. 이렇게 원래 소통의 도구였던 것이 오히려 소통을 단절시키는 것도 왝더독이라 할 수

▌ 스웨덴 도로의 스몸비족 경고판

있습니다.

　디지털화로 인해 왝더독은 더욱 심각해지고 있습니다. 디지털은 복제가 가능하고 한계원가가 제로에 수렴한다는 특성상 아날로그에 기반을 두고 있는 전통적인 제조업보다 생산성에서 압도적인 비교 우위를 갖고 있습니다. 그래서 사회 각 분야에서 디지털화는 불가피합니다. e-러닝이 교실을 대체하고 있고, 온라인 포털이 종이신문을 압도하고 있으며, 디지털 콘텐츠는 문화 산업의 중심을 차지하기 시작했습니다. 처음에는 아날로그를 보완하는 정도였던 디지털이 점점 아날로그를 대체하기 시작한 것입니다. 아날로그로부터 파생한 디지털이 점점 세상의 중심이 되고 가상현실이나 사이버 세상이 현실을 압도하게 된다면 이는 왝더독을 넘어 인간 본연의 위기가 될 수도 있습니다. 디지털화로 인한 왝더독 현상은 미래 사회의 심각한 이슈가 될 수 있습니다.

　인공지능이 인간을 대체하고 전통적인 인간의 일자리를 차례차례 로봇에게 내줘야 할 때가 되면 '이제껏 편리함을 가져다준 문명의 이기가 과연 누구를 위한 것이었던가'라는 근본적인 질문을 던지게 될 것입니다. 꼬리가 개의 몸통을 흔들어대지만 사실은 개가 꼬리를 흔드는 것입니다. 누가 뭐래도 이것이 본질입니다. 본질을 망각한다면 디지털은 인간에게 의미가 없습니다. 아날로그 없는 디지털, 현실 없는 가상세계는 그저 공허한 신기루일 뿐입니다. 우리가 발 딛고 사는 현실과 인간 존재가 아날로그라는 사실은 미래에도 변함없을 것입니다.

　　　　　　　　　　　　　　　　　　　　미래를 보는 눈

미래 권력과 네트워크

인간은 사회적 동물이고 사회를 이루며 살아갑니다. 사람들 간의 관계 속에서는 이해와 가치의 충돌과 갈등이 빚어지기 마련인데 권력을 통해 이를 통제하는 것이 정치의 기능입니다. 정치란 한정된 자원을 합리적으로 배분하고 통제해 질서를 유지하는 것을 말합니다. 그래서 정치학자 데이비드 이스턴(David Easton)은 정치를 '자원의 권위적 배분'이라고 명쾌하게 정의했습니다.

정치에서는 언제나 권력의 문제가 제기됩니다. 권력은 남을 복종시키고 강제할 수 있는 힘이기에 권력을 차지하기 위해 정당과 정당, 개인과 개인 간에 무한경쟁이 이루어지는 것입니다. 국가, 사회, 거대 조직부터 소집단에 이르기까지 권력은 어디에나 존재합니다. 권력에 대한 정의 중 가장 일반적으로 통용되는 것은 독일의 정치사회학자 막스 베버(Max Weber)의 고전적 정의입니다. 베버에 의하면 권력(Macht)은 '사회관계에서 한 행위자가 타인의 저항에도 불구하고 자신의 의지를 관철할 수 있는 개연성'입니다. 권력이 있으면 자원이나 가치를 우선적으로 가질 수 있거나 배분

할 수 있는 권한을 갖습니다. 자원이나 가치는 유한한데 인간의 욕망은 무한하기 때문에 갈등과 권력투쟁은 피할 수 없습니다.

역사적으로 보면 거대 권력을 누가 갖는가에 따라 사회의 모습이 달라졌습니다. 중세시대에는 권력의 중심이 종교였고, 종교 권력은 국가나 국왕 위에 군림했습니다. 근대국가로 들어오면서는 종교와 정치가 분리되었고, 권력은 세속적 국가나 정부가 갖게 되었습니다. 자본주의의 발달과 함께 이번에는 기업의 힘이 커졌고, 경제 권력이 중심적인 역할을 하게 되었습니다. 역사적으로 권력은 종교에서 국가로, 국가에서 기업으로 이동했고 각각 교권, 정권, 금권의 형태로 변화해왔습니다. 정보화 혁명을 거치면서 도래한 디지털 시대에는 누가 권력을 갖게 될까요? 그 권력은 또 어떤 모습을 하고 있을까요?

미래학자들은 디지털화가 가속화되면 권력이 국가나 기업에서 파워블로거, 파워트위터리안, 파워페이스북커 등 네트워크를 많이 가진 개인에게 다시 넘어갈 것으로 전망하고 있습니다. 결국 사람과 사람 간의 연결에 기반을 둔 네트워크가 중요해질 것입니다.

2015년 세계지식포럼 강연에서 탭스콧 그룹 CEO 돈 탭스콧(Don Tapscott)은 디지털 시대의 번영을 위해 인류는 네트워크를 통해 단순한 정보가 아니라 가치를 주고받아야 한다고 강조했습니다. 그는 "기술 진보로 우리가 해야 하는 일의 양이 줄어든다면 그 일은 골고루 공유해야지 독점해선 안 된다"고 덧붙였습니다. 에어비엔비의 공동창업자 네이선 블레차르지크(Nathan Blecharczyk)는 공유

경제 시대에는 신용(Credit)이 아닌 '평판(Reputation)'이 중요한 자산이 될 것이라고 말했습니다.* 네트워크에 기반을 둔 디지털 시대의 개인 권력자는 자신의 평판을 바탕으로 팔로어들에게 막강한 영향력을 행사합니다. 이것이 디지털시대의 새로운 권력 지형입니다.

　세계에서 가장 인구가 많은 국가는 어디일까요? 물론 중국과 인도입니다. 중국은 2016년 7월 기준으로 13억 7000만 명, 인도는 12억 7000만 명 정도입니다. 그런데 이 국가들보다 많은 인구를 갖고 있는 공간이 있습니다. 바로 페이스북입니다. 페이스북은 자그마치 18억 명(월간 이용자 수 기준)의 사용자를 두고 있습니다.** 모든 권력이 국민으로부터 나온다고 했을 때 18억 인구를 갖고 있는 페이스북의 권력은 엄청나다고 할 수 있습니다. 페이스북의 창업자 마크 저커버그(Mark Zuckerberg)는 페이스북 팔로어가 2017년 3월 기준 8700만 명을 넘었습니다. 2015년 10월 24일 저커버그는 칭화대에서 중국어로 강연을 한 적이 있습니다. 당시 강연 동영상이 올라오자 하루가 채 지나지 않아 조회 수가 200만 회를 훌쩍 넘었습니다. 소셜미디어가 대중에게 미치는 영향은 이렇게 어마어마합니다. 저커

▌마크 저커버그

●　"세계지식포럼 올해도 강렬한 10대 키워드 남겼다", ≪매일경제≫, 2015년 10월 23일.
●●　"열 살 넘은 페이스북·트위터, 엇갈리는 희비", ≪아이뉴스24≫, 2017년 3월 1일.

버그의 동영상이나 포스팅에 대중은 즉각적으로, 그리고 적극적으로 반응합니다. 순식간에 '좋아요'가 9만 개를 넘었고, 댓글은 7000여 개나 달렸습니다. 우리는 글로벌 기업 CEO라는 개인이 아니라 인터넷상에서 엄청난 네트워크를 가진 개인으로서의 영향력에 주목해야 합니다. 네트워크에 참여하는 사용자 수가 많을수록 그 영향력은 더 커집니다. 미국 네트워크 장비업체 3COM의 설립자 밥 메칼프(Bob Metcalfe)는 '네트워크의 가치는 사용자 수의 제곱에 비례한다'는 메칼프의 법칙을 만들기도 했습니다.

억압적인 국가에서 권력은 총구로부터 나옵니다. 민주적인 국가에서 권력은 국민으로부터 나옵니다. 초연결세상이 될 미래 사회에서 권력은 아마도 네트워크로부터 나올 것입니다.

미래를 보는 눈

미래 사회의 리더와 팔로어

인간이란 단어에 '사이 간(間)'을 쓰는 것은 사람과 사람의 사이, 즉 관계의 중요성 때문입니다. 인간은 스스로 조직, 가치, 규범을 만들고 질서와 문화를 이루며 살아갑니다. 크고 작은 모든 조직에는 리더가 있는 법입니다. 좋은 리더는 좋은 조직, 좋은 문화 속에서 만들어집니다. 보통 리더의 역할은 위기 상황에서 더 두드러집니다. 항해 중에 거센 풍랑을 만나면 선원들은 선장을 쳐다봅니다. 뭘 어찌해야 할지 모를 때는 리더를 찾습니다. 미래가 안 보일 때 짠하고 나타나 비전을 제시하며 앞장서서 길을 개척하는 사람이 바로 리더입니다. 누구나 이런 리더를 원할 것입니다. 또한 스스로 이런 리더가 되기를 꿈꾸는 사람도 있습니다. 리더에게는 자질과 능력이 필요합니다. 카리스마, 사람을 끄는 매력, 판단력이 있어야 하고 공감 능력, 소통 능력, 창의성, 통찰력도 뛰어나야 합니다.

《이코노미스트》는 2020년에 중요해질 업무능력으로 맥락파악, 사회적 지능, 참신하고 적응할 수 있는 사고, 다문화역량, 컴퓨터적 사고력, 뉴미디어 리터러시, 초학문적 능력, 디자인 마인드셋,

인지적 부하 관리, 가상 협력 등 열 가지를 제시했습니다. 미래 인재나 미래 리더가 갖춰야 할 덕목으로 이해해도 무난할 것입니다.•

미래 리더에게 필요한 역량은 지금과는 분명 다를 것입니다. 과거에는 인도의 마하트마 간디(Mahatma Gandhi) 같이 걸출한 지도자 한 명이 혜성처럼 나타나 나라와 민족의 운명을 바꾼 일이 왕왕 있었지만, 미래 사회에는 절대지존의 리더 한 명이 세상을 좌우할 수는 없을 것입니다. 세상이 복잡해지고 변화가 빨라지면 리더가 되기는 점점 더 힘들어집니다. 다양한 분야의 지식을 통달하기도 힘들고 세상을 꿰뚫는 통찰력을 갖기도 어려울 것입니다.

또한 아무리 뛰어난 능력을 가진 리더라도 리더를 따르고 도와주는 팔로어 없이 혼자 모든 문제를 해결할 수는 없을 것입니다. 사실 리더만 있는 조직은 없습니다. 따라오고 도와주는 사람이 없는데 홀로 깃발 들고 리더로 나서는 것이 무슨 의미가 있겠습니까. 국민의 지지와 성원이 없으면 대통령이나 국회의원의 리더십은 무의미합니다. 함께 하는 직원이 없을 때 사장의 비전과 통찰력은 무용지물입니다. 게다가 리더 한 명이 모든 걸 좌우한다면 그건 전체주의적인 문화입니다. 절대왕정시대 절대권력을 가졌던 전제군주를 민주적 리더라고 말하지는 않습니다. 좋은 대통령을 만드는 것은 리더를 잘 보필하는 보좌진과 의식이 깨어 있는 국민입니다. 또

• "[인공지능 시대 살아남을 직업·기술] 피자 만드는 로봇 나와도 피자 파는 세일즈맨은 남아", 중앙시사매거진 《이코노미스트》, 1361호(2016).

한 합리적인 중간 간부와 건전한 생각을 가진 직원이 있어야 CEO 가 회사를 제대로 이끌 수 있습니다.

이제까지 우리는 주로 리더에만 주목하고 리더십 이야기만 했습니다. 하지만 미래에는 팔로어의 역할에도 주목해야 합니다. 리더뿐만 아니라 팔로어에게도 자질과 태도가 필요합니다. 팔로어십도 리더십만큼이나 중요합니다. 아무것도 안 하면서 리더를 비판하고 힐난만 해서는 안 됩니다. 비판이나 비난만큼 편하고 쉬운 것은 없습니다. 대안 없는 비판이나 미래를 생각하지 않는 비난은 맹목적입니다. 건전한 사회가 되려면 무엇보다 좋은 팔로어가 많아져야 합니다. 리더를 맹목적으로 따르는 사람이 아니라 리더를 지지하면서도 때로는 입바른 소리, 애정 어린 질책도 하고 대안을 제안하는 사람이 많아져야 합니다. 리더의 역할이 중요하다고는 하지만 사실은 팔로어의 역할이 더 큽니다. 실제 조직 경영이나 리더십 연구를 보면 리더의 조직 기여도는 10~20%에 불과하고, 나머지 80~90%는 리더를 보좌하는 팔로어에 의해 좌우된다고 합니다. 리더만 바꾼다고 문제가 한 번에 해결되지는 않습니다. 리더가 중요한 건 맞지만 리더가 전부는 아닙니다. 근본적으로 변화되려면 문화를 바꿔야 합니다. 리더와 팔로어가 각자 맡은 바 역할을 하면서 소통하고 공감하는 문화, 또한 팔로어가 적극적으로 비판하고 참여하고 대안을 제시하는 문화를 만들어야 합니다.

미래 한국의 중산층

'모난 돌이 정 맞는다'는 속담이 있습니다. 두드러지면 미움을 받는 다는 뜻입니다. 나서지 않고 중간 정도에 묻어가는 것이 맘 편히 살아가는 지혜이기도 합니다. 중간쯤 서 있으면 심리적으로 안정 감이 생깁니다. 경제적으로도 중산층이 되면 큰 걱정은 없습니다. 예전에 선진국과 한국의 중산층 기준을 비교해놓은 글을 보며 한참 생각에 잠긴 적이 있습니다. 한국에서 중산층은 상류층과 하층 의 중간을 말합니다. OECD 기준으로는 소득 순으로 나열했을 때 가운데 집단이고 소득 중간값의 50~150% 계층입니다. 프랑스나 영국 등 문화선진국은 좀 다른 기준을 갖고 있습니다. 프랑스의 조르주 퐁피두(Georges Pompidou) 대통령이 삶의 질을 중심으로 제시 했던 중산층 기준은 놀랍습니다. 외국어를 구사하고, 즐기는 스포츠와 다루는 악기가 있고, 남과 다른 맛을 내는 요리가 있고, '공분 (公憤)'에 참여하고, 봉사활동을 꾸준히 한다는 것 등입니다. 영국의 중산층 기준도 크게 다르지 않습니다. 페어플레이를 하고, 자기주 장과 신념을 갖고 있고, 강자에 대응해 약자를 두둔하고, 불의에 의연히 대처하는 것 등입니다. 융자 없는 아파트, 중형차에 월급 500만 원, 예금 잔고 1억 원 이상 등 재산과 물질적 가치로만 따지는 한국의 중산층 기준과는 완전히 다릅니다.

한때 SNS를 중심으로 '수저론'에 대한 이야기가 떠돌았습니다. 금수저는 자산 20억 원, 연 수입 2억 원 이상 가구, 그 위로는 아다만티움 수저, 다이아 수저가 있다고 합니다. 최하층인 흙수저는 자산 5000만 원, 연 수입 2000만 원 미만입니다. 자산 5억 원, 연 수입 5500만 원을 넘어야 하는 동수저는 돼야 그나마 중산층입니다. 대학을 졸업해도 입사 원서를 내는 족족 탈락하는 이른바 '전탈자'들이 속출하는 마당에 동수저가 되기도 쉽지 않은 현실입니다. 재산 기준으로 노비부터 황제까지 분류한 '대한민국 계급표'라는 것도 있습니다. 이 기준에 따르면 재산 5000만 원 미만은 노비, 5000만~10억 원도 평민에 불과합니다. 평생 월급을 모아도 넘을 수 없는 벽은 상위 1%에 해당하는 30억 원 이상 왕족부터입니다. 1000억 원 이상이 돼야 최고층인 황제로 분류될 수 있습니다. 지금이 봉건 왕정시대도 아닐진대, 21세기 한국은 여전히 수저론이라는 봉건 질서에 머무르고 있습니다. 그러니 천민자본주의, 헬조선 같은 말들이 난무하는 것입니다. 가만있으면 중간이라도 간다고들 하는데 이제는 중간 가기도 힘든 세상입니다. 가만있으면 밑바닥으로 떨어집니다. 한국에서 중산층으로 사는 건 참 힘든 일이죠.

프랑스의 사회학자 피에르 부르디외(Pierre Bourdieu)는 현대사회의 자본은 경제자본에만 국한되지 않는다고 봤습니다. 사람과의 관계로 만들어지는 사회자본, 취향이나 소장품 등의 문화자본, 지위나 사회 활동에서 비롯되는 상징자본도 경제자본만큼 중요하다고 강조했습니다. 부르디외 학파에서는 20개 항목의 신중산층 판별 체크리스트를 제시했는데 여기에는 경제 항목보다는 사회문화 항목이 많습니다.•

　미래의 한국은 중산층 기준부터 달라져야 합니다. 소득 분위나 재산 기준이 아니라 사회적 책임감, 소통과 공감 능력, 고상한 취미, 삶에 대한 자세, 행복에 대한 생각 등 사회문화 관점에서 중산층의 기준을 마련해야 합니다. 질문과 기준이 달라지면 답도 달라집니다. 책임감을 갖고 사회에 참여하는가, 삶을 즐기고 있는가, 저녁과 주말이 있는 삶인가, 타인과 잘 소통하는가 등과 같이 기준을 바꿔 세상을 보면 세상이 달리 보일 것입니다. 그전에는 보이지 않았던, 아름답고 즐거운 일들이 하나둘 눈에 들어올 것입니다. 물질로만 선진국을 따라잡으려 하지 말고 가치나 문화를 가꾸는 데 애써야 합니다. 인체로 치자면 허리에 해당하는 중산층의 사회적 역할이 큽니다. 중산층이 건전한 의식을 가져야 건전한 사회가 만들어질 수 있습니다. 중산층의 미래가 그 사회의 미래입니다.

• 이 체크리스트에는 '친척 중 외국인이 있는가', '20명 이상 파티를 주최한 적이 있는가', '유니세프 등 국제단체에 기부하고 있는가', '신문·방송에서 인터뷰한 일이 있는가', '외국어를 두 개 이상 구사하는가' 등의 문항이 포함되어 있다.

　　　　　　　　　　　　　　　　　　미래를 보는 눈

미래 세상의 소프트 파워

단단하고 강한 것은 쉽게 부러지지만 부드러운 것은 오히려 오래 갑니다. 단단한 게 강한 것이 아니라 유연한 것이 정말 강한 것입니다. 적자생존 이론에서 말하는 '변화에 대한 적응'도 유연해야 가능합니다. 연륜과 지혜가 쌓일수록 사람들은 유연해집니다. 유연한 사람은 직설적이고 고압적인 말투나 물리적인 제재를 사용하지 않고 부드럽지만 설득력 있는 화술로 상대방의 마음을 휘어잡습니다. 미래 세상에는 무엇이 중요할까요. 세상은 점점 소프트해지고 있고, 앞으로 더더욱 그러할 것입니다. 정보통신 분야도 초반기에는 하드웨어가 중요했지만 점점 소프트웨어가 주도하고 있습니다. 국제정치에서도 하드 파워가 아니라 소프트 파워를 추구하고 있습니다.

하버드대학교의 조지프 나이(Joseph S. Nye) 교수는 2004년 『소프트 파워』라는 책을 출간했습니다. '소프트 파워(soft power)'는 '하드 파워(hard power)'에 대응하는 개념입니다. 조지프 나이에 의하면 소프트 파워는 "협력을 이끌어내기 위해 색다른 통용 수단을 활용합니다. 즉 공동의 가치와 정당성, 그리고 그런 가치의 실현에 기여해야 한다는 책임감에 매력을 느끼게 하는 것"[•]입니다. 하드 파워가 경제 제재, 군사력 등의 강제적인 힘을 말한다면 소프트 파워는 문화예술, 정보과학의 영향력을 통해 자발적 동의를 이끌어 내는 힘을 말합니다.

앞서 살펴본 바와 같이 막스 베버는 타인의 저항에도 불구하고 자신의 의지를 관철시킬 수 있는 개연성을 권력이라고 정의했는데 의지를 관철시킬 수 있는 방법, 즉 권력을 행사하는 방식은 다양합니다. 물리력이 될 수도 있고 군사력이나 공권력의 모습을 띨 수도 있습니다. 역사적으로 보면 20세기까지 강대국의 힘은 군사력 위주의 하드 파워였습니다. 하지만 21세기는 그렇지 않죠. 문화의 세기라 불리는 21세기는 소프트 파워가 주도하고 있습니다. 하드 파워는 부국강병을 지향하고, 소프트 파워는 문화강대국을 지향합니다. 문화는 교육·학문·예술·과학·기술 등 인간의 이성적·감성적 능력에 기반을 두고 있는 창조적 산물과 관련된 분야를 총칭합니다. 상대의 마음을 사로잡는 데는 물리적 파워보다 보편적 문화나 정서적 공감 같은 것이 더 위력을 발휘합니다.

요즘 세계 과학계에서는 '과학 외교(Science Diplomacy)'가 이슈가 되고 있는데, 과학 외교도 소프트 파워 관점으로 바라볼 수 있습니다. 미국과학진흥협회(AAAS)를 중심으로 과학계 리더들은 과

• 　조지프 S.나이, 『소프트파워』, 홍수원 옮김(세종연구원, 2004), 33쪽.

학 외교의 중요성과 역할을 강조하고 있습니다. 2015년 한국을 방문한 미국과학진흥협회 회장 제럴딘 리치몬드(Geraldine Richmond)는 "과학기술은 세계를 연결할 수 있는 커뮤니케이션 수단이 돼야 한다"고 말했습니다. 그는 "정치와 종교로 인한 크고 작은 갈등도 과학기술을 통해 해결될 수 있기에 우리가 초점을 두려는 것이 바로 과학 외교"라며 미국 과학기술계가 과학 외교에 앞장설 것이라는 입장을 밝혔습니다.**

　　20세기까지의 국내외 질서는 주로 정치, 군사, 법 등 하드 파워에만 의존해왔습니다. 국제정치는 영토 분쟁, 전쟁, 국가 간 힘 겨루기 등 패권 경쟁의 형식으로 이뤄졌습니다. 하드 파워는 일시적이고 강압적이었기에 늘 불안한 상태를 만들곤 했습니다. 오늘날의 외교 형태는 근본적으로 변화하고 있는 추세입니다. 하드 디플로머시(hard diplomacy)에서 소프트 디플로머시(soft diplomacy)로 바뀌고 있습니다. 교육 외교, 과학 외교, 문화 외교 등 소프트한 정신적 측면의 교류가 점점 중요해지고 있습니다. 정부 주도의 딱딱한 외교보다는 NGO, 학회, 기관 등 민간 주도의 국제 관계가 그 영역을 확장해가고 있습니다. 특히 교육, 과학, 문화는 정신적인 영역으로 소프트 파워의 핵심이라고 할 수 있습니다. 정부나 국가기구가 직접 나서서 협정을 맺고 국가 간의 협력을 하기보다는 민간이나 과학자 단체 등 비정부 섹터가 나서서 교류하며 신뢰를 쌓는

**　　《사이언스타임즈》, 2015년 8월 27일.

것이 훨씬 중요합니다. 세상은 빠르게 변하고 있습니다. 하드에서 소프트로, 정부에서 민간으로, 사물에서 사람으로 무게 중심이 이동하고 있습니다. 이것이 우리가 겪고 있는 변화의 메가트렌드입니다.

미래를 보는 눈

미래의 삶, 무엇이 중요할까

세계 문화의 수도 프랑스 파리에 가보면 Y자 모양의 독특한 건물이 있습니다. 교육, 과학, 문화를 총괄하는 국제기구 유네스코 본부입니다. 유네스코(United Nations Educational, Scientific and Cultural Organization: UNESCO)는 국제연합 교육과학문화기구입니다. 유네스코 본부가 파리에 있는 것은 우연이 아닙니다. 역사적으로 보면 프랑스는 자유(Liberté), 평등(Egalité), 박애(Fraternité)라는 인류가 공유하는 보편 이념이 탄생한 나라이고, 문화 예술의 중심이었으며, 한편으로는 합리성과 과학주의의 본고장이기도 합니다. 흔히 프랑스 민족은 오만하고 콧대 높은 민족이라고 말하지만 그래도 인류 지성사에 기여해온 프랑스의 역할은 충분히 존중받을 만합니다. 그들은 세계 정치·경제의 중심은 미국일지라도 교육, 과학, 문화의 중심은 프랑스라는 자부심을 갖고 있습니다.

유네스코의 영문명 UNESCO 가운데 글자인 ESC는 각각 교육(Education), 과학(Science), 문화(Culture)를 뜻합니다. 교육, 과학, 문화의 보급과 교류를 통해 국가 간 협력을 증진하기 위해 만든 국제기구가 바로 유네스코인 셈입니다. 유네스코 헌장은 "전쟁은 인간의 마음에서 비롯된 것이므로, 평화를 지키는 것도 인간의 마음에서 비롯되어야 하며"라고 시작됩니다. 유네스코의 역할이 특히 중요한 것은 교육, 과학, 문화 등 세 가지 영역이 인간의 마음과 관련돼 있기 때문입니다.

4차 산업혁명은 사이버 세계와 물리적 세계를 연결하며 이제껏 경험하지 못한 새로운 세상의 도래를 예고하고 있습니다. 모두들 10년 후, 20년 후의 세상은 어떠할지, 미래에는 뭘 먹고 살아야 할지 궁금해하면서도 한편으로는 불안해합니다. 특히 아이들을 키우고 있는 학부모들이나 지금의 청소년들은 미래에는 어떤 분야가 중요해질지, 어떤 직업이 유망할지에 대해 관심을 기울일 수밖에 없습니다. 결론부터 얘기하자면 앞으로는 유네스코의 가운데 글자가 각각 뜻하는 교육, 과학, 문화가 더 중요해질 것입니다. 사회적 동물로서의 인간을 길러내고 호기심과 창의성을 가진 인간의 잠재력을 최대한 발휘하고 인간적 삶을 향유하기 위해 필요한 분야이기 때문입니다. 이를 하나하나 살펴보겠습니다.

우선 교육(敎育)은 지식과 기술 등을 가르치며 인격을 길러주는 것을 말합니다. 사람은 생물학적인 인간으로 태어나 교육을 통해 사회적인 인간으로 길러집니다. 교육을 통해 각 개인에게 사회적 가치와 규범을 내재화하는 것을 사회학에서는 사회화라고 부릅니다. 사회화의 핵심은 교육입니다. 과학을 연구하고 문화를 만들고 사회를 움직이는 것은 결국 인간이기에, 인간을 길러내고 인재

미래를 보는 눈

를 양성하는 것은 매우 중요합니다. 십년수목백년수인(十年樹木百年樹人), 즉 10년을 내다보고 나무를 심고, 100년을 내다보고 사람을 심어야 한다는 것은 교육의 중요성을 강조합니다.

다음은 과학입니다. 과학은 보편적인 진리나 법칙 발견을 목적으로 한 체계적인 지식을 말하는데, 넓은 뜻으로는 체계적인 학문을 이르고 좁은 뜻으로는 자연과학을 이릅니다. 이를테면 과학은 주변 환경과 자연을 인식하는 앎의 방식입니다. 물질세계와 우주는 어떻게 이루어지는지, 생명 현상은 어떻게 작동하는지, 인간은 환경과 자연 세계를 어떻게 인지하는지 등 인간이 자연과 더불어 살아가는 데 필요한 원리와 지식들을 총칭해 과학(Science)이라고 부릅니다. 그리고 과학에 근거해 뭔가를 만드는 방식은 기술(Technology)이라고 하죠. 인간은 과학을 통해 새로운 것을 알아내고, 기술을 통해 새로운 것을 만듭니다. 이렇게 해서 만든 것을 수용하고 사용하면서 인간 삶의 방식은 변화합니다. 요컨대 과학으로 인식의 폭이 넓어지고, 기술로 문명의 이기가 진화하는 것입니다. 과학과 기술의 산물은 삶을 편리하게 해주고 기존에 없던 새로운 방식의 삶을 인간에게 제공합니다.

마지막으로 문화(文化)는 인간 삶의 본질이자 궁극적 지향점입니다. 문화를 사전에 찾아보면 "자연상태에서 벗어나 일정한 목적 또는 생활 이상을 실현하고자 사회구성원에 의하여 습득, 공유, 전달되는 행동 양식이나 생활양식의 과정 및 그 과정에서 이룩해낸 물질적·정신적 소득을 통틀어 일컫는 말"이라고 정의돼 있습니다.

자연 그대로의 상태가 아니라 인간이 역사적으로 살아오면서 만든 생활양식, 제도, 가치 등 모든 산물이 문화입니다. 에덴동산에서 신의 보호를 받다가 쫓겨난 인간은 스스로 의식주를 해결해야 했고 사회를 이루며 사는 데 필요한 가치, 규범, 이상, 학문, 종교 등을 만들면서 살아왔습니다. 인류가 살아온 과정과 결과물이 바로 문화라고 할 수 있습니다.

교육, 과학, 문화는 인간사회를 지탱하는 근간이자 인간을 만물의 영장으로 만들어준 힘입니다. 교육은 인간을 길러내는 것이고 과학은 호기심, 탐구심 등 인간의 본성을 발현하는 것이며 문화는 인간다운 삶을 향유하는 것입니다. 이 세 가지는 창의성을 공통점으로 합니다. 교육은 창의적인 인재 양성을 추구하고, 과학과 문화는 창의성을 자양분으로 삼아 발전합니다.

어쩌면 인간의 삶은 교육으로 시작해 문화로 완성된다고 할 수 있습니다. 과학기술 분야에서도 '과학기술은 과학교육으로 시작해 연구개발로 꽃피우고 과학문화로 완성된다'는 말을 합니다. 인재를 중요시하는 중국은 국가경영 전략으로 과교흥국(科敎興國)을 내세우고 있습니다. 과학과 교육으로 나라를 발전시키겠다는 것입니다. 근본적인 가치를 지향하는 교육, 과학, 문화는 현재에도 중요하지만 미래에는 더 중요해질 것입니다.

신기술과 일자리, 문화의 미래

창의적인 신기술은 일자리와 산업을 만듭니다. 오늘날 기술 변화의 속도는 점점 빨라지고 있습니다. 하나의 기술은 더욱 진화된 신기술을 낳고 그 기술은 또 다른 신기술로 대체됩니다. 변화에 대응하지 못하는 기업은 경쟁에서 도태될 수밖에 없습니다.

기업에게는 끊임없는 변신과 부단한 연구개발이 필요합니다. 노키아(Nokia)는 1990년대에 원래 자신의 주력 분야 사업을 과감히 매각하고 휴대전화 시장에 뛰어들어 대성공을 거두었습니다. 노키아는 1865년에 설립된 기업으로 초창기에는 종이를 만들던 제지회사에서 출발했습니다. 기술 변화의 흐름을 제대로 읽고 빠르게 변신했기에 노키아는 성공 스토리를 만들 수 있었습니다. 휴대전화 사업을 처음 시작한 지 얼마 안 돼 1998년에 노키아는 모토롤라(Motorola)를 제치고 세계 휴대전화 판매량 1위를 차지했습니다. 2011년까지 13년 동안 줄곧 세계 1위 자리를 지켜왔고 한때는 세계시장 점유율 40%를 돌파하기도 했습니다. 노키아는 핀란드를 대표하는 기업이 됐고, 전성기 때는 핀란드 수출의 20% 정도를 차지하기도 했습니다.

하지만 화려한 노키아의 영광
은 계속되지 못했습니다. 2007년 애
플이 처음 아이폰을 선보였을 당시
노키아 CEO는 '오직 노키아가 표준'
이라면서 변화를 거부했습니다. 혁

■ 노키아 휴대전화의 진화

신 기술로 등장한 아이폰은 새로운 표준이 되었고 노키아 폰은 점
점 사양길로 접어들었습니다. 결국 노키아는 2013년에 휴대전화
사업 분야를 마이크로소프트(MS)에 헐값에 매각하고, 이후 네트워
크 분야를 중심으로 사업을 재편해 지금은 통신 네트워크 솔루션
회사로 남아 있습니다. 최근 마이크로소프트는 노키아 브랜드 폰
의 생산을 완전히 중단했습니다. 기술 예측에 실패한 노키아 폰은
순식간에 몰락하고 말았던 것입니다. 이것이 냉엄한 시장의 현실
입니다.

기술 변화는 일자리에 직접적인 영향을 미칩니다. 하나의 신
기술이 나타나면 이 기술과 관련된 생산, 유통, 소비의 새로운 생
태계가 만들어집니다. 지금은 역사 속으로 사라졌지만 1990년대의
중요한 통신수단 중에 '삐삐'가 있었습니다. 정식 이름은 무선 호출
기(numeric pager)인데 당시만 하더라도 첨단 기기로 분류되었습니
다. 전화로 수신 번호를 보내면 '삐삐, 삐삐'하는 소리가 울렸기에
사람들은 '삐삐'라 불렀습니다. 허리춤에 차고 다니던 삐삐는 기자,
의사, 세일즈맨 등 바쁜 직장인들의 상징이었습니다. 삐삐 기술 서

미래를 보는 눈

비스가 처음 시작된 것은 1983년이었고, 이후 급속하게 이용자가 늘어나 1990년대 후반에는 2000만 명을 넘어섰습니다. 삐삐는 송신은 할 수 없고 수신만 하는 단방향 통신기기였습니다. 삐삐 기술이 처음 개발되면서 삐삐를 대량으로 제조하는 공장과 일자리가 만들어졌고 새로운 고용시장이 창출됐습니다. 삐삐를 유통하고 판매하는 대리점과 쇼핑몰이 생겼고, 삐삐 서비스를 제공하는 업체도 생겼으며 A/S와 관련된 일자리도 새롭게 만들어졌습니다. 그런데 휴대전화라는 더 강력한 기술이 등장하면서 삐삐 제조 공장, 유통·서비스업체는 문을 닫을 수밖에 없었습니다. 삐삐업체 종사자들은 살아남기 위해 휴대전화나 아니면 다른 직종으로 갈아타야만 했습니다.

신기술은 산업구조와 생태계를 바꿀 뿐만 아니라 사람들이 살아가고 소통하는 방식도 바꿉니다. 요컨대 새로운 기술은 새로운 문화를 만든다고 할 수 있습니다. 사회학 이론에 의하면 문화를 만들고 변화시키는 요인은 발명과 발견, 문화 전파 등인데, 그중 기술은 가장 중요한 동인입니다. 새 술이 새 부대에 담기듯이 신기술은 그에 걸맞은 신문화를 동반합니다. 삐삐는 숫자로 메시지를 남기는 방식이었는데, 삐삐를 통한 메시지 전송 기술은 '삐삐 언어'라는 새로운 커뮤니케이션 문화를 만들어냈습니다. 가령 100은 back을 연상시켜 '돌아와'라는 뜻이고 8282는 '빨리빨리', 230은 '이상무', 1200은 '일이빵빵', 즉 '바빠요'를 의미했습니다. 삐삐 이후 나온 핸드폰은 훨씬 발전된 기술을 선보였습니다. 송수신이 가능했고 단문 메시지 서비스(Short Message Service: SMS)를 제공했습니다. 사람들은 숫자뿐 아니라 문자나 기호도 주고받을 수 있게 되었습니다. 핸드폰이 시장을 장악하면서 삐삐는 점점 역사 속으로 사라졌습니다. 핸드폰을 사용하게 되면서 새로운 통신 언어로 이모티콘(emoticon)이 등장했습니다. 단문 메시지 서비스는 기술 발전과 함께 멀티미디어 메시지 서비스(Multimedia Message Service: MMS)로 진화했습니다. 단문 메시지 서비스는 제한된 분량의 숫자나 글자만 보낼 수 있었지만 멀티미디어 메시지 서비스는 동영상, 음악, 음성, 사진 등 다양한 형태의 데이터까지도 보낼 수 있게 되었습니다. 이렇게 통신기술의 발달은 사람들의 커뮤니케이션 방식을 바꾸고 문화까지도 바꿉니다.

미래 예측은 기술 예측에서 시작됩니다. 신기술의 흐름을 파악해야 세상의 변화를 읽을 수 있습니다. 4차 산업혁명의 거대한 물결은 인공지능기술과 같은 혁신 기술을 선점하기 위한 총성 없는 전쟁을 야기할 것입니다. 디바이스 메시(Device Mesh), 봇(Bot), 블록체인(Block Chain), 딥러닝(Deep Learning) 등 세상을 바꿀 신기술이 몰려오고 있습니다. 일자리의 미래, 산업의 미래, 문화의 미래를 예측하려면 우선은 이런 신기술에 주목해야 합니다. 기술 변화에서 미래 이슈를 읽을 수 있는 혜안이 필요한 시점입니다.

기술 발전, 디지털화와 인문학

과학기술이 발전하면 자칫 기술결정론*의 관점에 빠져 인간소외 현상이 만연할 수 있습니다. 기술만 쳐다보고 정작 사람은 보지 않기 때문입니다. 이런 것도 일종의 왝더독 현상입니다. 첨단 기술은 인간에게 편리함과 안락함을 가져다주지만 마음의 평정이나 행복감까지 안겨주지는 않습니다. 우리는 기술이 궁극적으로 인간을 위한 것이라는 기본 전제를 너무나 쉽게 잊곤 합니다.

2016년 7월 4일 정부는 경제관계 장관회의를 열어 국가 R&D 계획을 총괄하는 컨트롤타워에 공학자나 자연과학자뿐만 아니라 앞으로는 인문사회학자도 포함하기로 했습니다. 앞서 5월에는 '인문학 및 인문정신문화 진흥에 관한 법률 시행령' 제정안을 입법 예고했는데, 시행령에는 교육부·문체부 차관급이 참여하는 인문학 진흥심의회를 구성해 인문학 진흥책이나 인문학 관련 사업을 심의

---

* 기술결정론(technological determinism)은 기술이 자율적이며 사회변동에 결정적 요인이라고 보는 입장이다.

한다는 등의 내용을 담고 있습니다. 기술 발전에 따라 홀대받기 쉬운 인문학의 중장기 발전 계획을 마련하고 인문학자도 양성한다는 것입니다. 반가운 일입니다. 하지만 정작 인문학 전공자를 양성하는 대학에서는 인문학의 입지가 갈수록 축소되고 있다고 아우성입니다. 교육부가 추진하는 프라임 사업**에 선정된 21개 대학은 인문·사회계열 정원을 대폭 감축했고, 탈락 대학까지 포함하면 5천 명 이상의 정원 감축이 예상됩니다. 학령인구 감소, 청년실업 증가 등에 따라 대학 구조 개혁을 지원해 미래 산업 수요에 맞게 체질을 개선한다는 취지이지만 결과적으로 인문·사회계열 학과의 통폐합 및 정원 감축으로 나타나고 있어 인문학 위기에 대한 우려가 커지고 있습니다.

인문학은 왜 중요한 걸까요. 인문학(Humanities)은 인간 존재와 정체성, 문화에 대한 근본적 질문을 던지고 고민하는 학문입니다. 그냥 교양과목(liberal Arts)을 말하는 것이 아닙니다. 인문학의 중요성을 이야기할 때 그 사례로 빈민을 위한 인문학 교육과정 '클레멘트 코스(Clemente Course)'가 자주 언급됩니다. 클레멘트 코스는 1995년 미국에서 만들어졌는데, 인문학 전도사로 알려진 작가 얼 쇼리스(Earl Shorris)가 노숙자, 빈민, 마약중독자 등을 대상으로

** PRIME은 Program for Industrial needs-Matched Education의 약자로 교육부의 산업연계교육활성화선도대학 사업을 말한다. 인문·예체능계의 정원을 줄이고 이공계 정원을 확대하는 등 대학 구조 조정을 지원하는 사업이다.

미래를 보는 눈

클레멘트 기념관에서 무료로 인문학 교육을 했던 것이 효시입니다. 쇼리스는 빈곤 관련 책을 쓰기 위해 취재를 다니다 뉴욕의 한 교도소에서 살인 사건으로 복역하고 있던 죄수를 만납니다. 그는 이 20대 초반의 여죄수에게 "사람들이 왜 가난하다고 생각하느냐"는 질문을 던집니다. 이 죄수는 "극장, 연주회, 박물관, 강연 같은 정신적 삶이 없기 때문"이라 답했습니다. 이때 쇼리스는 큰 깨달음을 얻습니다. 밑바닥 인생에게 정말 필요한 것은 무료 급식이나 당장 취업을 위한 기술 재교육이 아니라 자기 정체성에 대한 고민과 성찰을 통해 얻는 자기 존중 의식이라 생각했고, 이를 위해서는 인문학이 반드시 필요하다고 결론 내렸습니다.••• 클레멘트 코스는 이렇게 해서 시작됐습니다. 인문학 강의를 수료한 노숙자들은 모두 노숙 생활을 청산했고 일부는 취업해 전혀 다른 인생을 살아가는 등 놀라운 성과를 거두었다고 합니다.

　인문학은 우리가 삶에 대한 질문을 던질 수 있게 해주고, 존재의 이유를 성찰할 수 있게 해주는 학문입니다. 왜 살아야 하는가에 대한 성찰 없이 행복하게 잘 살기는 어렵습니다. 왜 취직해야 하는지, 왜 결혼해야 하는지 등 일상의 끊임없는 고민은 보람 있는 삶의 출발점입니다. 노숙자에게 빵을 주는 대신 인문학을 가르치는 것은 이 때문입니다. 인간은 일생 동안 수많은 모순과 어려움에 직

••• "1995년 빈민교육과정 '클레멘트 코스' 만든 美 얼 쇼리스", 《동아일보》, 2006년 1월 18일.

면합니다. 단기적인 해결책은 요령에서 찾을 수 있고, 보다 중장기적인 해결책은 창의적인 문제 해결 방법에서 찾을 수 있습니다. 하지만 보다 근본적 답은 번민과 자기성찰을 통해 찾아야 합니다. 위기에서 정말 필요한 것은 삶에 대한 성찰이고, 이것이 바로 인문학입니다. 인문학을 가르치는 클레멘트 코스는 노숙자에게만 필요한 것이 아니라 인간 모두에게 필요합니다.

알파고 쇼크와 4차 산업혁명의 물결은 과학기술·정보통신기술에 대한 관심을 불러일으킨 동시에 미래에 대한 두려움도 낳았습니다. 미래에 대한 두려움에서 벗어나려면 인공지능 등 과학기술에 대해서도 잘 알아야겠지만 그에 앞서 우리 자신에 대해 잘 알아야만 합니다. 지피지기(知彼知己)면 백전불태(百戰不殆)라 했습니다. 지피만 하고 지기를 못하면 상대를 이길 수 없습니다. '우리는 누구인가'에 대해 끊임없이 질문하고 답하는 인문학은 인간의 과거, 현재, 미래에 대한 성찰이자 미래에 대한 고민입니다. 과학기술 발전사도 인간사의 한 부분입니다. 문학, 역사, 철학이 없는 세상은 더 이상 인간 세상이 아닙니다. 과학기술이 발전하고 디지털화가 가속화될수록 그만큼 인간적 가치나 인문학에 눈을 돌려야 합니다. 과학기술 발전과 디지털화는 늘 인간을 중심에 두고 생각해야 합니다. 손가락으로 가리키는 미래의 끝에는 첨단 기술이 아니라 인간이 있어야 합니다. 작금의 4차 산업혁명 논의도 기술 혁명의 관점이 아니라 인간 혁명의 관점에서 고민해야 합니다.

미래를 보는 눈

인공지능시대, 문과는 필요 없나요

2016년 세기의 바둑대결에서 인공지능 알파고는 이세돌 9단을 꺾어 큰 충격을 안겨줬습니다. 최근에는 한층 업그레이드된 버전의 알파고 2.0이 세계 바둑 1위인 중국의 커제마저 가볍게 제압했습니다. 속수무책으로 세 번을 내리 패한 바둑 챔피언 커제는 마지막 대국에서 눈물을 흘렸고 "알파고가 지나치게 냉정해 그와 바둑을 두는 것은 고통"이라고 말했다고 합니다. 인간 바둑 고수를 차례로 격파한 알파고는 바둑계 은퇴를 선언하고 새로운 도전을 예고했습니다. 알파고를 개발한 구글 딥마인드의 CEO 데미스 허사비스(Demis Hassabis)는 기자회견에서 "앞으로 인공지능은 인류가 새로운 지식 영역을 개척하고 진리를 발견할 수 있도록 돕게 될 것"이라면서 알파고를 바둑에 특화된 인공지능이 아니라 의료, 공학 등 범용 인공지능으로 진화시키겠다고 밝혔습니다.* 조만간 인공지능은 의학, 교육, 금융, 서비스 등 우리 삶 곳곳으로 들어와 인간과 함께 살게

* "반상 떠나는 알파고 의료·과학으로 Go~", ≪국민일보≫, 2017년 5월 28일.

될 것입니다.

요즘 학교 강연을 자주 다니는데 주로 인공지능과 인간의 미래에 대한 이야기를 많이 합니다. 하루는 강연을 듣던 어떤 고등학생이 이런 질문을 했습니다. "인공지능시대에는 소프트웨어나 엔지니어링 관련 직업은 계속 늘어날 텐데 그러면 결국 인문학이나 문과는 필요 없어지지 않을까요?" 특히 문과 학생들은 미래에 대해 더 큰 불안감을 갖고 있는 듯합니다. 안 그래도 위축되고 있는 인문학이 인공지능과 4차 산업혁명으로 고사 위기를 맞고 있습니다. '인문계 출신 구십 퍼센트가 논다'를 줄인 '인구론', '문과 출신이라 죄송합니다'를 줄인 '문송합니다' 등의 신조어는 인간 성찰을 기반으로 하는 인문학이 홀대되는 세태를 반영하고 있습니다.

역사적으로 보면 과학기술이 비약적으로 발전한 시점은 르네상스였습니다. 14~16세기는 서유럽 문명사에서 학문과 예술의 재생과 문화부흥운동이 일어난 시기입니다. 중세의 세계관은 모든 것이 신의 섭리라는 것이었고, 르네상스가 불러온 근대적 세계관은 이른바 인문주의에 기초하고 있습니다. 과학, 기술, 문학, 예술의 발전으로 인간은 스스로를 돌아보게 되고 그러면서 인간 자신에 대한 믿음이 커졌습니다.

오늘날 인공지능을 비롯한 첨단 기술의 발전은 다시금 인문주의적 관점을 필요로 합니다. 어떤 존재가 얼마나 가치를 갖는가는 그것이 없는 상황을 가정해보면 명확해집니다. 만약 사물인터넷이나 인공지능이 없다면 있을 때보다는 불편할 것입니다. 하지만 문학, 역사, 철학이 없는 세상은 어떨까요. 인문학이 없는 세상은 더이상 문명화된 인간 세상이 아닙니다. 작금의 4차 산업혁명 논의에서 인문학이 언급되지 않는 것은 참으로 심각한 문제라고 생각됩니다. 4차 산업혁명 시대의 인간과 인문학은 핵심 기술이나 전략보다 근본적인 주제입니다. 인간적 관점에서 기술의 의미나 가치를 탐구하는 것이 인문학입니다. 독일은 제조업 혁신을 이야기하면서 인더스트리 4.0을 내세웠고, 일본은 여기서 더 나아가 산업, 사회, 일상생활까지 포함하는 소사이어트 5.0 개념을 천명했습니다. 일본 정부가 내세운 인공지능국가는 자금, 제도, 인재 등의 장애를 없애고 생활이나 사회활동에서 인공지능을 구사하면서 사람의 행복으로 연결되는 사회를 말합니다. 인공지능국가도 궁극적으로는 인간 행복을 지향해야 함을 강조합니다. 인간의 관점, 인간적 가치, 인간 행복을 지향하지 않는 첨단 기술은 인간의 목표가 될 수 없습니다.

앞서 언급했던 "인공지능시대, 문과는 필요 없어지지 않을까요?"라는 질문에 저는 이렇게 답했습니다. "인공지능시대에도 문과는 사라질 수 없습니다. 새로운 기술은 언제나 기술에 대한 인문학적 성찰을 필요로 하기 때문입니다." 인공지능이 아무리 발전해도 문과라서 죄송한 세상이 되면 안 됩니다. 인공지능은 자기 존재에 대한 성찰을 하지 않으며 기계는 결코 인문학을 할 수 없습니다. 인문학은 인간의 몫입니다. 인간을 인간답게 살게 해주는 인문학이야말로 기계와 인간을 구분하는 척도라고 믿습니다.

페이 잇 포워드와 스타트업의 미래

누군가에게 큰 도움을 받았다면 어떻게 하는 것이 좋을까요? 어려운 처지에 있던 사람이 누군가에게 경제적으로 또는 다른 형태로 도움을 받아 어려움을 이겨냈다면 이는 참으로 고마운 일입니다. 보통은 도움을 준 사람에게 언젠가 보답하려고 할 것입니다. 금전적인 도움을 받았으면 나중에 돈을 벌어 몇 배로 갚으려 할 것이고, 다른 도움을 받았다면 좀 여유가 생긴 후 찾아가 보답하려 할 것입니다. 죽어 혼령이 돼서라도 은혜를 잊지 않고 갚으려고 하는 것이 동양적인 미덕입니다.

   하지만 좀 다른 관점에서 해석해본다면 은혜를 되갚는 것은 당사자 간의 관계이므로 사회적으로는 별다른 파급효과가 없습니다. 그러면 좀 다르게 한번 생각해보죠. 만약 누군가에게 도움을 받았을 때 그 고마움을 도움을 준 사람이 아니라 다른 어떤 사람에게 갚고, 그렇게 도움을 받은 사람은 또 다른 사람을 돕는다면 어떻게 될까요. 도움 주기는 계속해서 꼬리를 물고 이어질 것이고, 이렇게 되면 모두가 남을 돕는 사람이 될 수 있으며 다른 사람을 돕는 것이 하나의 문화로 정착될 것입니다. 도움받은 것을 도움 준 사람에게 되갚는 것을 '페이 잇 백(Pay it back)'이라고 합니다. 그게 아니라 도움받은 데 대해 다른 사람에게 갚는 것은 '페이 잇 포워드 (pay it forward)'라고 하죠.

'페이 잇 포워드'는 소설과 영화의 제목이기도 합니다. 미국의 소설가 캐서린 라이언 하이드(Catherine Ryan Hyde)는 1999년 『페이 잇 포워드』라는 제목의 소설을 출간했고, 이 소설은 이듬해에 영화로 만들어졌습니다.[*] 이 이야기 속 주인공은 엄마와 함께 살고 있는 열두 살 소년 트레버입니다. 어느 날 학교의 사회 선생님이 숙제를 내는데, '주위를 둘러보고 자신이 좋아하지 않는 무엇이 있으면 고쳐라. 세상을 바꿀 아이디어를 내고 실천을 하라'는 것이었습니다. 트레버는 고심하다가 '도움 주기'를 아이디어로 냅니다. 그가 제안한 도움 주기가 바로 '페이 잇 포워드'인데, 영어에서는 '선행 나누기'를 뜻합니다. 자신이 주변의 세 명에게 도움을 주면, 도움받은 세 명은 각각 다른 세 명에게 도움을 주는 이른바 '도움 주기 릴레이'를 한다는 것이 트레버가 낸 아이디어였습니다. 이런 생각으로 시작한 작은 선행의 실천이 결국 마을과 사회의 큰 변화를 가져온다는 감동적인 스토리로 전개됩니다.

'되갚는 것'과 '전혀 다른 사람에게 도움을 주는 것'은 물리적으

---

[*] 한국에서는 소설은 『트레버』라는 제목으로 번역됐고, 영화는 〈아름다운 세상을 위하여〉라는 제목으로 개봉됐다.

로는 비슷한 노력이 들지만 그 차이는 엄청나게 큽니다. 전자는 개인적이고 인간적인 차원에 머물고 과거지향적입니다. 반면 후자는 사회적 차원이고 미래지향적이며 지속적인 문화로 확산될 수 있습니다. 이렇게 생각의 차이는 큰 결과의 차이를 낳을 수 있습니다. 조건 없이 주는 것이 사랑입니다. 받는 것도 주는 것으로부터 시작합니다. 먼저 주는 것은 다른 사람을 바꾸고 세상을 바꾸고 미래를 바꿀 수 있습니다.

누군가가 나의 멘토가 되어 자신이 살아오면서 성공한 경험, 실패한 경험을 이야기해주고 조언해준다면 큰 도움이 될 것입니다. 경험만큼 좋은 공부가 없듯이 멘토에게 전해 듣는 간접경험은 미래를 개척하는 데 등불 역할을 할 것입니다. 이렇게 받은 도움을 멘토에게 되갚는 것이 아니라 이번에는 자신의 후배들에게 멘토 역할로 갚는다면 우리 사회에는 자연스럽게 멘토링 문화가 정착될 수 있을 것입니다. 미국의 실리콘 밸리는 창업 문화가 활성화돼 있는 스타트업 천국으로 유명합니다. 그런데 여기에도 '페이 잇 포워드'가 큰 역할을 하고 있습니다. 실리콘 밸리에서는 실패한 창업자를 '경험 있는 기업가'로 부를 정도로 실패를 당연시하고 있고, 실패 경험을 공유하고 전파하는 이른바 '페이 잇 포워드 문화'가 뿌리를 내리고 있습니다. 내가 가려는 길을 앞서 갔던 선배의 경험은 나의 미래를 예측하고 준비하는 데 큰 도움이 됩니다. 특히 실패한 경험담은 돈 주고도 살 수 없는 소중한 자산이 될 수 있습니다.

우리 사회에서도 스타트업 지원이 큰 국가적 이슈가 되고 있습니다. 새로운 성장 동력의 기반을 탄탄하게 하기 위해서는 상상하고 도전하고 창업하는 문화가 활성화돼야 하고, 무엇보다 스타트업 생태계가 마련돼야 할 것입니다. 스타트업을 처음 시작하게 되면 정보와 경험 부족으로 어려움을 겪는 일이 많습니다. 이런 어려움을 극복하기 위해서는 선배 스타트업의 생생한 경험담과 멘토링이 절실합니다. 선배들의 과거와 현재, 성공담과 실패담은 후배들이 자신의 미래를 들여다보는 거울로 쓰일 수 있습니다. 성공한 경험은 따라 배우고 실패한 경험은 반면교사(反面敎師)로 삼으면 됩니다. 언제나 변화를 위해서는 행동하는 용기가 필요합니다. 행동하지 않으면 아무것도 변화하지 않습니다. 스타트업의 미래를 위해 정부나 스타트업 기업들이 나서서 경험의 공유를 제도화하는 시스템을 만들고, 페이 잇 포워드 문화를 확산해나가는 노력을 기울여야 할 것입니다. 페이 잇 포워드는 미래 창업 문화에서 중요한 이슈가 될 것입니다.

미래 대학과 창업 문화

20만 명의 대학 졸업생이 창업에 뛰어드는 나라와 30만 명의 대학 졸업생이 고시 공부를 하는 나라가 있습니다. 두 나라 중 어느 나라가 더 미래지향적일까요? 창조경제정책이 한창이던 2013년 말경 한국과학창의재단은 한·중·일 3국의 성인 3000명을 대상으로 '한·중·일 창의문화인식비교'라는 조사를 한 적이 있습니다. 조사 결과는 충격적이었습니다. '사회가 창업을 장려하는 분위기'라고 응답한 비율은 일본이 18.7%, 한국이 23.4%인데, 중국은 75.2%나 됩니다. '창업에 도전해볼 만하다'는 답변은 중국 29.6%, 일본 8.2%인데 한국은 4.9%에 불과했습니다. '창업에 도전해볼 수 있지만 위험이 크기 때문에 신중해야 한다'는 답변은 중국 34.5%, 일본 44.2%, 한국 61.1%였습니다. 특히 중국과 한국의 격차는 확연했는데, 중국인들은 전반적으로 창업 위험에도 불구하고 창업을 해볼 만한 것으로 인식하는 반면, 한국인들은 창업 신중론이 대세였습니다.

그로부터 몇 년이 지났지만 한국에서는 좀처럼 창업 열기가 달아오르지 않고 있습니다. 여전히 절대다수의 대학 졸업자들은

미래를 보는 눈

창업에 선뜻 뛰어들지 않습니다. 중국은 한국과 달리 창업국가를 향해 앞서가고 있습니다. 2016년 중국은 765만 명의 4년제 대학 졸업생을 배출해 최고 기록을 세웠습니다. 엄청난 대졸자를 양산하면서 취업 전쟁을 치르고 있지만 졸업 6개월 후의 취업률은 90%를 훌쩍 넘습니다. 중요한 것은 창업자 비중입니다. 전체 졸업자의 3%인 20만 명 이상이 이른바 '촹커(創客)'라 불리는 창업자의 길을 택했습니다. 오늘날 중국은 최고의 창업붐을 구가하고 있습니다. 중국에서는 연간 400만 개의 기업이 새로 만들어지고, 혁신단지에 입주해 있는 스타트업의 매출이 국내총생산의 20%에 육박합니다. 중국 정부는 '대중창업 만중창신(大衆創業 萬衆創新)'을 주창하면서 창업과 혁신을 중국 사회 발전의 두 축으로 제시했습니다. 2015년에는 리커창(李克强) 총리가 경제 혁신과 창업 활성화를 위해 1억 명의 촹커를 육성하겠다는 야심찬 목표를 제시했습니다. 이런 창업정책과 촹커 열기에 힘입어 중국에서는 창업을 택하는 대학 졸업생이 계속 늘고 있습니다.

한국은 어떨까요. 한국도 대졸자 수로 보면 세계 대국입니다. 2008년 대학 진학률 84%로 정점을 찍은 후 2015년 71%로 떨어졌지만 여전히 세계 최고 수준입니다. 한 해에 배출되는 대학 졸업생은 약 50만 명에 이릅니다. 하지만 이 가운데 창업하는 졸업생은 많지 않고, 무려 30만 명이 공무원 시험을 비롯한 각종 고시 공부에 매달리고 있습니다. 이런 고시 열풍을 어떻게 봐야 할까요.

지금 우리는 4차 산업혁명을 맞고 있습니다. 인공지능이 인간의 일자리를 대체하고 현재의 직업 중 상당수가 가까운 미래에 사라질 것이라는 예견이 나오고 있습니다. 지금은 존재하지 않지만 미래에 새로 만들어질 일자리도 많을 것입니다. 이런 변화에 잘 적응하지 못하면 글로벌 무한경쟁에서 도태될 수밖에 없습니다. 변화의 속도는 빨라지고 있습니다. 무엇보다 직업 세계의 변화가 가장 클 것입니다. 그래서 창업과 새로운 직업을 만드는 활동인 창직은 미래 직업 세계 변화에서 의미가 큽니다. 가령, 미국 MIT는 매년 연례 보고서에서 졸업생들이 세상에 없었던 새로운 일자리를 얼마나 만들어냈는가 하는 통계를 자랑스럽게 발표하고 있습니다. 창업과 창직은 미래 대학의 중요한 기능 중 하나가 돼야 할 것입니다.

얼마 전 세계미래학회는 2030년에 사라질 10가지에 공교육을 포함시켰고, 미래에는 공장형 교육모델이 도입돼 교수, 교사 없는 맞춤형 학습시대가 열릴 것이라 예측했습니다. 학교 교육이 일대 위기를 맞고 있습니다. 대학도 예외가 아닙니다. 이런 변화의 시기에 한국의 대학생들은 미래를 위해 어떤 준비를 하고 있는지, 인재 양성의 산실인 대학은 미래를 위해 어떤 준비를 하고 있는지를 생각하면 참으로 답답하기만 합니다.

미래 직업 세상과 창직

보릿고개 시절이나 지금이나 일자리는 사람들의 변함없는 관심사입니다. 학교를 다니며 죽어라 공부하고 머리를 싸매고 취업을 준비하는 것은 남들보다 좋은 일자리를 구해 어깨 펴고 당당하게 살고 싶기 때문일 것입니다. 사전을 찾아보면, 일자리는 '생계를 꾸려나갈 수 있는 수단으로서의 직업'이라고 정의되어 있습니다. 잠자고 쉬는 시간을 제외하고 우리가 가장 많은 시간을 보내는 곳이 직장입니다. 그래서 일자리는 생계 수단 이상의 의미를 갖습니다. 일자리는 생계를 위해 돈을 버는 곳이지만 노동을 통해 자아를 실현하는 곳이기도 합니다. 정부 정책에서 일자리 창출은 늘 우선순위가 높은 정책 어젠다(agenda)이고, 개개인의 일생에서도 좋은 일자리를 찾아 취업하는 것은 그 무엇보다 중요합니다.

컴퓨터와 인공지능이 발달하면 지금의 직업들이 많이 사라지고 새로운 직업들이 나타날 것이라고들 합니다. 옥스퍼드대학교 마틴스쿨의 칼 베네딕트 프레이(Carl Benedikt Frey)와 마이클 오스본(Michael A. Osborne) 교수는 4차 산업혁명으로 향후 20년 안에 텔레마케터, 부동산 공인중개사, 택시 기사, 판사 등 현재 직업의 47%가 사라질 것으로 내다봤습니다.[*] 컴퓨터화 가능성이 높은 고위험군 직업들은 사람이 해야 할 일들이 자동화돼 컴퓨터로 대체되거나 직업 수행 방식이 현저히 달라질 거라는 이야기입니다. 미국 듀크대학교의 케시 데이비스(Cathy Davis) 교수는 오늘날 학생들의 65%는 미래에는 아직 생기지도 않은 직업을 갖게 될 것이라 예견하기도 했습니다.[**] 미래에는 어떤 직업들이 생겨나고 어떤 직업이 유망할까에 대한 관심이 커지고 있습니다.

≪인디펜던트≫는 2016년 8월 8일 자 기사에서 미국 마이크로소프트연구팀과 영국 미래연구소의 공동연구 결과로 발표한 「10년 뒤 등장할 미래 직업 보고서」를 소개했습니다.[***] 이 보고서는 10년 뒤 각광받을 미래 직업으로 다음 10개의 직업을 꼽았습니다.

가상공간 디자이너(Virtual Habitat Designer)
윤리 기술 변호사(Ethical Technology Advocate)
디지털 문화 해설가(Digital Cultural Commentator)
프리랜스 바이오해커(Freelance Biohacker)
사물인터넷 데이터 분석가(IoT Data Creative)

[*] "비영리, 4차 산업혁명 속 생존 전략을 말하다", ≪조선일보≫, 2016년 11월 29일.
[**] "디지털세대 창의력 키우려면", ≪디지털타임스≫, 2014년 5월 27일.
[***] "10년 뒤에 뜨는 유망 직업 10", ≪팩트올≫, 2016년 8월 10일.

우주 투어 가이드(Space Tour Guide)

퍼스널 콘텐츠 큐레이터(Personal Content Curator)

생태 복원 전략가(Rewilding Strategist)

지속 가능 에너지 개발자(Sustainable Power Innovator)

인체 디자이너(Human Body Designer)

　한국에서도 한국과학기술기획평가원(KISTEP)이 청소년의 미래 직업 탐색을 돕기 위해 매년 문헌 조사와 전문가 설문조사를 바탕으로 의료 격차, 정보 격차, 에너지 격차, 문화·교육 격차를 해소할 등 유망 직업을 선정해『신직업 진로 가이드』를 발간하고 있습니다. 2016년 이곳에서 선정한 유망 신직업은 아래와 같습니다.

2016년 한국과학기술기획평가원 선정 미래 유망 신직업

분야	직업
의료	초음파 스크리너
	스마트 헬스케어 전문가
	원격진료 코디네이터
정보	라이파이(Li-Fi) 전문가
	개인맞춤형 데이터 전문가
	스마트농업 전문가
에너지	제로에너지 빌딩 설계사
	에너지 하베스팅 전문가
교육·문화	문화재 디지털 복원가
	스마트교육 개발자

정작 미래 직업을 갖게 될 당사자들의 생각은 어떨까요. 2016년 7월 ≪소년한국일보≫는 전국의 초등학생 659명, 학부모 930명 등 총 1589명을 대상으로 실시한 미래 희망 직업 설문조사 결과를 발표했습니다. 학부모들이 답한 자녀의 희망 직업 1위는 교수·교사(29%), 2위는 공무원(18%)이었습니다. 과학자·연구원(15%), 의사·간호사(14%), 판사·변호사(9%)가 뒤를 이었습니다. 부모들은 대체로 안정적이고 사회적 존경도 받고 연봉이 높은 직업을 원하고 있었습니다. 하지만 초등학생들의 경우는 좀 달랐습니다. 2위가 과학자·연구자(13%), 3위는 연예인(11%)이었으며 의사·간호사(7%), 교수·교사(6%), 운동선수(6%)가 그다음이었습니다. 놀라운 것은 초등학생 답변의 1위였습니다. 1위는 '기타'였습니다. 선택지 항목에 없는 웹툰 작가, 애니메이터, 파티플래너 등의 직업들을 적어낸 초등학생들이 많았다고 합니다. 학부모들의 직업관이 현재에 머물러 있다면 초등학생들의 직업관은 그래도 좀 더 미래를 내다보고 있는 것 같습니다. 초등학생들이 직업을 갖게 될 10~20년 후에는 오늘날과 같은 직업도 있겠지만, 전혀 새로운 직업도 많을 것입니다. 어떤 직업이 언제 생겨날지는 아무도 모릅니다.

한국고용정보원이 발간하는 『한국직업사전』에 의하면 현재 한국에 존재하는 직업은 2014년 말 기준 총 1만 1440개입니다. 앞으로 직업 수는 줄어들 수도 있고 늘어날 수도 있습니다. 하지만 분명한 것은 미래에는 지금 존재하지 않는 새로운 직업들이 많아질 거라는 것입니다. 그게 뭔지 모를 때 할 수 있는 방법 중 하나는

미래를 보는 눈

상상하는 것입니다. 새로운 직업을 상상해서 아예 만들어버리면 됩니다. 피터 드러커도 미래를 예측하는 가장 좋은 방법은 미래를 창조하는 것이라고 했으니까요. 보통 30년을 한 세대라고 하는데, 앞으로 한 세대를 내다보고 미래 직업에 대해 고민하고 준비해야 합니다. 우리는 신기술, 신문화의 태동과 함께 새로운 직무들이 나타나는 시점에는 새로운 직업을 만드는 이른바 '창직(創職, job creation)' 활동에 주목해야 합니다. 한국창직협회 이정원 회장은 창직을 '적성, 재능, 능력을 바탕으로 창의적 아이디어를 통해 새로운 직업을 발굴해 노동시장에 보급하는 것'이라 정의합니다.

4차 산업혁명은 분명 산업구조와 직업세계를 근본적으로 변화시킬 것입니다. 신기술은 새로운 수요와 함께 새로운 일자리를 만들 것입니다. 변화는 일자리 창출을 위한 기회가 될 수 있습니다. 이런 변화의 시기에는 진취적 태도가 요구됩니다. 취업보다는 창업이 더 진취적이고 창업보다는 창직이 더 진취적입니다. 미래 직업 세상에는 취업보다 창업이나 창직이 더 유망할 수 있습니다. 물론 창업이나 창직은 실패의 위험을 무릅써야 하는 위험성이 있습니다. 하지만 위험을 감수하지 않고 성공을 바랄 수는 없습니다. 작가이자 교수인 레오 버스카글리아(Leo Buscaglia)는 "산다는 것은 죽는 위험을 감수하는 일이고, 희망을 갖는 것은 절망의 위험을 무릅쓰는 일"이라며 "인생에서 가장 큰 위험은 아무 위험도 감수하지 않는 것"이라고 말했습니다.

미래 직업 세상은 먼저 시작하고 수요를 창출하면 새로운 직업을 만들 수 있는 블루오션입니다. 창의적 상상으로 새로운 직업을 만들 수 있습니다. 아이디어가 상품뿐만 아니라 직업까지 창출하는 시대가 성큼 다가오고 있습니다.

미래의 과학관

유명한 과학자들 중에는 어린 시절 과학관(科學館)에 자주 놀러갔던 것이 과학자가 되겠다고 결심하는 데 영향을 미쳤다고 말하는 사람들이 종종 있습니다. 과학관은 과학 원리를 학습하고 체험할 수 있는 공간입니다. 호기심에 가득 찬 어린 아이의 눈으로 보면 신기하고 재미있는 곳입니다. 사회 변화가 주로 과학기술 발전에 의해 이루어지는 시대에는 과학관의 사회적 기능과 역할이 막중하다고 할 수 있습니다. 미래 예측도 과학기술 발전과 떼려야 뗄 수 없는 관계이기 때문입니다.

　보통 우리는 과학관으로 통칭하지만 좀 더 정확히 이야기하자면 과학관은 과학박물관(Science Museum)과 사이언스센터(Science Center)로 구분할 수 있습니다. 과학박물관은 전시 기능을 중심으로 과학 유물이나 과학의 역사를 보여주는 곳이고, 사이언스센터는 손으로 만져보며 과학 체험을 해볼 수 있는 곳입니다. 하지만 요즘은 과학박물관에도 체험 전시물들이 많아져서 이런 구분이 점점 퇴색되고 있습니다.

나라마다 그 나라를 대표하는 과학관이 있습니다. 가령 미국에는 체험과학관으로 유명한 샌프란시스코 과학관(exploratorium)과 엄청난 규모의 스미소니언 과학박물관(Smithsonian Museum)이 있고, 영국에는 오랜 전통의 런던 과학박물관(London Science Museum)이 있습니다. 독일에는 뮌헨 과학박물관(Deutsches Museum), 프랑스에는 라 빌레트 과학산업관(Cité des Sciences et de l'Industrie)이 유명합니다. 한국의 대표적인 과학관으로는 대전의 국립중앙과학관과 경기도 과천에 있는 국립과천과학관을 들 수 있습니다.

여기서 중점적으로 이야기할 과학관은 이웃나라 일본을 대표하는 과학관인 미라이칸(未來館)입니다. 미라이칸이 위치해 있는 도쿄만의 인공섬 오다이바(お台場)는 해변공원, 배 과학관, 팔레트 타운 등 명소가 몰려 있는 복합 레저·쇼핑·관광 지역입니다. 미라이칸의 정식 명칭은 '일본 과학미래관(日本科學未來館)'입니다. '인간과 21세기 신지식을 연결해준다'는 모토를 내걸고 2001년 7월에 개관됐습니다. 현재 독립행정법인인 일본과학기술진흥기구(JST)가 운영하고 있습니다. 일본과학기술진흥기구는 과학교육 지원, 과학미디어 운영, 과학 이해 증진 사업 등의 일을 하는 기관입니다. 한국의 과학문화 전문기관인 한국과학창의재단과 비슷하지만 JST는 연구개발(R&D) 예산도 지원하는 기관입니다. 현재 미라이칸의 관장은 일본 최초의 우주인 모리 마모루(毛利衛)입니다. 모리 관장은 개관 이래 지금까지 계속 관장직을 맡고 있습니다.

일단 미라이칸 입구에 들어서면 높은 천장에 미라이칸의 상징

미래를 보는 눈

▌ 일본 미라이칸의 상징 '지오 코스모스'

물로 유명한 '지오 코스모스(Geo-Cosmos)'가 매달려 있는 것을 볼 수 있습니다. 1만 개가 넘는 유기발광다이오드(OLED) 패널을 사용해 만든 세계 최초의 지구 모형 디스플레이 장치입니다. 나사(NASA)에서 지구 기온 데이터를 전송받아 현재 지구 모습을 구현하고 있고, 또한 지구 온난화가 계속됐을 때 변화될 2100년의 지구 모습을 보여줌으로써 기후변화의 심각성을 일깨워주기도 합니다. 이 지오 코스모스는 '우주에서 보았을 때 빛나던 지구의 모습을 많은 사람과 공유하고 싶다'는 우주인 모리 관장의 뜻으로 만들어졌다고 합니다. 그 이름에서도 엿보이듯 미라이칸은 지구의 미래에 대해 우선적인 관심을 두고 있습니다. 미라이칸 홈페이지에는 다음과 같은 모리 관장의 인사말이 있습니다.

  과학기술 발달로 우리의 생활은 풍요로워지는 한편, 기후변화와 에너지 문제 등 한계도 느끼고 있다. 지구라는 혹성에서 100억 명의 사람들이 계속 함께 살아가기 위해 지금 우리는 지구 규모의 과제를 직시해야 하며, 일본 과학미래관은 과학의 역할에 대해 다시 질문을 던져보고 다양한 분야의 지식을 모아 지구의 미래에 공헌해나갈 것이다.•

  미라이칸은 상설 전시, 특별 전시, 돔시어터 등으로 구성되어 있고 실험 교실, 토크 이벤트 등 다양한 프로그램을 운영하고 있습니다. 상설 전시관은 '세계를 탐색하다', '미래를 만들다', '지구와 연결되다' 등 세 개의 큰 주제를 중심으로 구성됩니다. 만져보고 체험하면서 재미있게 즐길 수 있는 과학 콘텐츠들이 가득합니다. 이곳에서 가장 인기 있는 프로그램은 단연 로봇쇼입니다. 일본의 다국적 기업 혼다(Honda)가 2000년에 세계 최초로 개발한 2족 보행 휴머노이드 로봇 아시모(ASIMO)가 나와 걷고 뛰고 손동작을 하는 등 다양한 움직임을 보여줍니다. 아이들에게는 과학자의 꿈을 심어주고, 어른들에게는 첨단과학기술이 가져올 미래 세상에 대한

• 미라이칸 홈페이지, http://www.miraikan.jst.go.jp/ko/aboutus

호기심을 불러일으키기에 충분합니다.

미라이칸은 세 가지 활동에 중점을 두고 있습니다. 우선, 전시와 체험 프로그램을 통해 나노, 초전도, 자기부상열차, 로봇 등 첨단과학기술에 관한 지식과 과학 원리를 관람객들에게 알기 쉽게 전달해줍니다. 두 번째, 과학 전파자 역할을 하게 될 과학 커뮤니케이터를 길러내고 궁극적으로는 미래 인재를 양성하는 데 기여합니다. 세 번째, 네트워크를 형성해 '연관성'을 창조합니다. 우리가 특히 주목해야 할 부분은 세 번째, '연관성'을 창조한다는 부분입니다. 미라이칸은 스스로를 과학기술자, 미디어, 자원봉사자, 회원 및 방문객, 정부, 학교, 일본 국내외 과학관, 산업계 등 8개를 이어주는 인터페이스로 인식하며, 이들 간의 네트워크를 구축하는 데 애쓰고 있습니다. 요컨대 과학기술과 사회, 과학자와 대중을 잇는 가교 역할을 자처하고 있는 것입니다.

한국에도 과학관이 많이 있습니다. 2008년에는 수도권에 매머드급의 국립과천과학관이 개관됐고, 2013년에는 국립광주과학관과 국립대구과학관이 차례로 문을 열었습니다. 100만 시민 서명운동으로 2015년 12월에 국립부산과학관이 개관됨으로써 전국 권역별로 국립과학관을 갖추게 되었습니다. 인구 20만 이하 중소도시의 경우 대도시에 비해 과학문화 시설이 절대적으로 부족하다는 문제의식을 바탕으로 과학기술부(현재의 미래창조과학부)는 2004년부터 지방테마과학관 건립을 지원했습니다. 2004년에는 무주반디별천문과학관, 서귀포천문과학문화관 등 6개 과학관, 2005년에는 의왕조류생태과학관 등 10개 과학관 건립을 지원했고, 2013년까지 총 39개의 지방테마과학관을 건립했습니다.

2016년 7월 기준으로 한국에 있는 국·공·사립과학관은 모두 128개입니다. 많은 것처럼 보이지만 선진국에 비하면 훨씬 적은 숫자입니다. 2009년 기준 해외 선진국 과학관 수를 보면 미국은 1950개, 일본은 794개, 프랑스는 628개, 독일은 617개, 영국은 485개로 한국에 비해 월등하게 많습니다. 과학관 한 개당 인구를 비교해봐도 한국은 미국의 3분의 1, 프랑스의 4분의 1 수준에 불과합니다.

과학기술은 사회를 변화시키고 미래를 만들어가는 핵심 동인입니다. 미래 사회에는 과학관의 사회적 역할이 더 커질 것입니다. 미래의 과학관은 손으로 만지고 체험하며 과학의 즐거움을 느낄 수 있는 평생 학습의 장이 될 것이고, 다가올 미래 변화를 미리 엿볼 수 있는 창(窓) 역할을 할 것입니다. 과학관은 과학이라는 창을 통해 과거를 돌아보고 현재를 가늠하고 미래를 예측할 수 있는 문화공간입니다. 4차 산업혁명이 가져올 미래 사회의 모습을 보기 위해 과학관을 찾는 그런 사회가 돼야 합니다. 청소년, 학생들만 가는 곳이 아니라 어른, 아이 할 것 없이 누구나 즐겨 찾는 생애주기적인 문화공간이 돼야 합니다. 또한 과학이 사회와 만나고 과학자와 대중이 소통하는 장소가 돼야 합니다.

2016년 10월 오스미 요시노리(大隅良典) 도쿄공업대학 명예교수가 노벨생리의학상 수상자로 선정되면서 일본은 3년 연속 과학 분야 노벨상 수상자를 배출하는 기염을 토했습니다. 벌써 노벨과

미래를 보는 눈

학상 수상자만 22명입니다. 이런 일본의 저력은 과연 어디에서 나오는 걸까요. 일본의 미라이칸에서 답을 찾을 수 있습니다. 과학 발전은 과학자들만의 몫이 아닙니다. 과학에 대한 관심과 이해가 사회에 뿌리내려야 하고 사회 전체가 과학 발전을 성원하는 문화가 필요합니다. 과학관이 제 역할을 해야 과학문화가 바로 서고, 과학문화가 바로 서야 과학기술의 지속적인 발전이 가능합니다. 과학자들이 연구만 열심히 한다고 하루아침에 노벨과학상을 수상하게 되는 것은 아닙니다. 과학기술 발전을 위해서는 국민들의 과학에 대한 관심과 이해 및 사회 전체의 성원이 필요하고 무엇보다 과학을 생활 속에서 접하고 즐길 수 있는 문화가 뿌리를 내려야 합니다. 과학의 미래와 미래의 과학을 엿볼 수 있는 미라이칸 같은 과학관이 중요한 것은 바로 이 때문입니다.

수직농장과 미래 농업

2015년 4월 과학매체 ≪사이언
스얼러트≫에는 재미있는 소식
이 하나 실렸습니다. 미국 뉴저
지주의 에어로팜스(AeroFarms)
라는 회사가 2만m² 규모의 초대
형 수직농장(Vertical Farm, 垂直農
場)을 만든다는 뉴스였습니다.•
100만 킬로그램 정도의 무농약
농작물을 생산할 수 있다는데,
기존의 평지 농사에 비하면 농
업 생산력이 75배에 이른다고
합니다. 수직농장은 농사를 짓

∎ 수직농장

• "World's Largest Vertical Farm Opens This Year in the US", *ScienceAlert*, April
   22, 2015.

는 데 필요한 물이나 에너지를 획기적으로 절감할 수 있으며 무엇보다 친환경적이라는 점에서 매우 매력적입니다. 또한 뉴저지의 이 수직농장은 오래된 철강 공장을 개조해 만들 예정이라는 점도 눈길을 끌었습니다. 도시재생을 통해 미래 농업의 대안을 찾으려는 시도입니다.

1798년 영국 경제학자 토머스 맬서스(Thomas Malthus)는 익명으로 『인구론(An Essay on the Principle of Population)』이라는 책을 발표해 충격적인 주장을 펼칩니다. 주장의 요지는 "인구는 기하급수적으로 증가하는 데 비해 식량은 산술급수적으로 증가한다"는 것이었습니다. 맬서스는 인구가 대략 25년마다 두 배씩 증가하므로 "2세기 뒤에는 인구와 생활물자 간 비율이 256 대 9가 되고, 3세기 뒤에는 4096 대 13이 되고, 2000년 뒤는 계산이 불가능할 정도가 될 것"이라고 경고했습니다. 오늘날 식량문제는 그의 우려만큼 심각하지는 않지만 인류는 여전히 식량난을 극복하지 못하고 있습니다. 과학기술을 통한 농업 혁신으로 꾸준히 농업 생산성을 높여왔지만, 식량문제는 인류의 숙제 중 하나로 남아 있습니다. 이런 현실에서 친환경 수직농장은 우리에게 한 가닥 희망의 빛이 될 수 있습니다.

수직농장은 식물공장이라고도 하는데, 식량난과 농경지 부족, 물 부족 등에 대한 해결책으로 미국 컬럼비아대학교 환경과학과 딕슨 데스포미어(Dickson Despommier) 교수가 1999년에 처음 제안했던 개념입니다. 그 전에도 유럽에서는 1950년대부터 비슷한 실험이 있었습니다. 1957년 덴마크의 크리스텐센(Christensen)이 운영하던 농장에서는 태양광을 이용해 온실에서 새싹 채소를 재배했는데, 컨베이어 시스템으로 작물을 운반하고 태양광의 보조 광원으로 고압 나트륨램프를 사용하기도 했습니다. 하지만 본격적인 식물공장, 즉 수직농장에 대한 주장은 데스포미어 교수에 의해 시작됐다고 할 수 있습니다. 수직농장은 수평적인 평지에서 짓는 고전적인 농사 방식이 아니라 도심의 고층 건물을 농경지로 활용한다는 새로운 개념입니다. 재생에너지를 활용하기도 하고 고층 건물의 각 층을 농경지로 사용하므로 효율성이 높습니다. 농사에 영향을 주는 온도, 습도, 빛, 농업용수 등의 조건을 인위적으로 통제할 수 있어 생산력 증대는 물론이고 안정적인 생산에도 탁월한 효과를 기대할 수 있습니다. 수직농장은 날씨나 기후변화, 자연재해에 크게 영향을 받지 않을 뿐만 아니라 병충해 피해도 거의 입지 않습니다. 일반적인 농업 방식에 비해 약 70% 정도 물을 적게 사용하므로 물 낭비도 줄일 수 있습니다.

이미 이웃나라 일본에서는 수직농장 상용화가 활발히 진행되고 있습니다. 기후변화에 대한 대응이 될 수 있고, 방사능 유출로 인한 농작물 오염에 대한 대안이 될 수도 있기 때문에 일본 정부는 경제 활성화 차원에서 약 130여 개의 수직농장을 정책적으로 운영하고 있습니다. 싱가포르에도 '스카이그린스'라는 수작농장이 있고, 스웨덴에도 12층짜리 원뿔형 공장 '플랜타곤'이 가동될 거라는 소식이 들립니다. 한국에서는 서울 양천구 목동의 고층 아파트 안

미래를 보는 눈

에 환경조건을 자동으로 제어해 계절에 상관없이 친환경적으로 경작할 수 있는 수직농장이 3층 규모로 조성된다고 합니다. 목동의 한 재건축 아파트에 대해 용적률을 완화해주는 대신 수직농장 건물을 기부 채납하도록 하는 방안으로 추진한다는 것이 서울시의 설명입니다.

사실 수직농업이라는 개념 자체가 고정관념의 틀을 깬 창의적인 발상입니다. 농경지 1에이커는 그저 1에이커에 불과하지만 1에이커의 땅에 10층짜리 수직농장을 운영한다면 재배 면적은 10배로 늘어날 수 있기 때문입니다. 한국처럼 국토가 좁은 나라로서는 정말 솔깃한 아이디어가 아닐 수 없습니다. 수직농장은 비닐 온실이나 유리 온실에 비해 초기 설치비는 더 많이 들지만 생산성이 탁월하게 높아 이것만으로도 충분한 상쇄 효과가 있습니다. 수직농장은 높은 환경친화성을 바탕으로 미래 농업의 대안이 될 수도 있습니다.

특이점이 다가온다

구글의 알파고, IBM의 왓슨 등 첨단 인공지능의 가공할 능력을 목도한 사람들 중에는 언젠가는 기계가 인간을 지배할지도 모른다는 막연한 두려움을 갖는 이들이 적지 않습니다. 기계의 능력이 발달하면 기계가 인간을 넘어서는 순간을 상상하는 것은 당연한 일입니다. 아주 먼 미래의 일일 수도 있겠지만 언젠가는 그런 날이 올지 모릅니다. 기술이 인간을 초월하고 기계와 인간의 경계가 무너지는 시점을 보통 '특이점(singularity)'이라고 부릅니다. 과학에서 특이점(singular point)이란 어떤 기준을 정했을 때 그 기준이 적용되지 않는 시점을 말하며, 지구과학, 물리학, 수학 등에서 사용되는 개념입니다. 과학자들은 기술이 고도로 발달해 통제할 수 없는 시점인 '기술적 특이점'에 대해 말하고 있고, 미래학자들은 기계가 인간을 넘어서는 시점에 관심을 갖습니다.

컴퓨터에서 두뇌에 해당하는 중앙처리장치(CPU)를 처음 제안해 PC의 아버지라고도 불리는 천재 수학자 존 폰 노이만(John von Neumann)은 1950년대 중반 친구와 이런 대화를 나누었습니다.

점점 빨라지는 기술적 진보와 인류 생활양식의 변화 속도를 보면 인류의 역사가 어떤 필연적인 특이점에 접근하고 있다는 인상을 받는다. 이 시점 이후 인간의 역사가 지금 우리가 이해하는 형태로 계속될 것인지는 알 수 없다.

SF 작가이자 컴퓨터 과학자인 버너 빈지(Vernor Vinge)는 1993년 「다가오는 기술적 특이점(The coming Technological Singularity)」이란 제목의 논문에서 더 극단적인 이야기를 합니다.

30년 내로 우리는 초인간적 지능을 만들 기술적 수단을 갖게 될 것이고 그렇게 되면 곧 인간의 시대는 종말을 맞을 것이다.

미래학자 레이먼드 커즈와일은 2006년 『특이점이 온다(The Singularity is near)』라는 미래 예측서에서 기계가 인간을 넘어서는 특이점이 2045년경이 될 것이라 예견했습니다.● 메모리 용량이나 CPU 속도가 1년 반마다 두 배가 된다는 '무어의 법칙(Moore's law)'처럼 기술이 빠르게 발전하다 보면 발전 속도는 점점 더 빨라질 것이고 그러다 보면 언젠가는 인간이 이루고자 하는 거의 모든 것이 가능해지는 순간이 올 것입니다. 그 시점이 바로 특이점입니다. 특이점이 오면 두뇌에는 인공지능을 장착하고 몸에는 인공심장이나

● 레이 커즈와일, 『특이점이 온다』, 장시형·김명남 옮김(김영사, 2007).

인공장기를 장착해 늙지 않고 살 수도 있을 것입니다. 커즈와일은 특이점이 오면 하나의 인공지능이 모든 인간의 지능을 합친 것보다 더 강력할 것이라며 인공지능의 위험에 대해 우려를 표명했습니다.

특이점이 오기 전, 여러 가지 징후들이 나타날 수 있습니다. 2015년 9월 출간된 『세계경제포럼 보고서(Deep Shift-Technology Tipping Points and Societal Impact)』는 과학기술 발전으로 인한 변화가 미래의 디지털 초연결사회를 구축하는 21가지의 티핑 포인트(Tipping point, 어떤 것이 균형을 깨고 한순간에 전파되는 극적인 시점)로 나타날 것이라고 보고 있습니다.[**]

인구의 10%가 인터넷에 연결된 의류를 입는다. … 미국 최초의 로봇 약사가 등장한다. … 인공지능이 기업 감사의 30%를 수행한다. 기업의 이사회에 인공지능 기계가 최초로 등장한다.[***]

마치 SF영화를 보는 듯하지만 먼 미래의 일이 아닙니다. 당장 2025년까지 일어날, 개연성이 높은 징후들에 대해 이야기하고 있습니다. 이러한 티핑 포인트를 넘어 인공지능기술이 더 발달하면

[**] 같은 책, 52쪽.
[***] 클라우스 슈밥, 『클라우스 슈밥의 제4차 산업혁명』, 송경진 옮김(새로운 현재, 2016), 52쪽.

결국 많은 과학자와 미래학자들이 우려하는 특이점이 올지도 모릅니다. 기술 발전이 워낙 기하급수적으로 이루어지다 보니 특이점에 가까워지는 미래는 우리의 예상보다 훨씬 빨리 찾아올 수도 있습니다. 이제 특이점에 대처하는 우리의 자세에 대해 진지하게 고민을 시작할 때입니다. 현생인류의 종말을 운운하는 엄중한 역사적 시점에서 인류가 살아남을 것인가 아니면 사라질 것인가의 문제니까요. 당장 미래의 '특이점'에는 대비하지 못하더라도 변화의 '특이한 점'이라도 눈여겨보며 준비하는 노력을 기울여야 할 것입니다.

4부

미래, 어떻게 준비할 것인가

미래 세상 상상하기

지금으로부터 120여 년 전, 1893년 시카고에서는 콜럼버스의 미대륙 발견* 400주년을 기념해 시카고 만국박람회가 개최됐습니다. 박람회는 당시 신흥강대국으로 떠오르던 미국의 기술과 저력을 과시하기에 딱 좋은 행사였습니다. 박람회 주제는 '미국의 기술 발전과 세계의 미래'였는데, 주최 측은 재미있는 이벤트를 준비했습니다. 미국신문협회가 선정한 미국을 대표하는 두뇌 100명을 대상으로 '100년 후 미국'을 예측하는 조사였습니다. 각 분야 오피니언 리더를 대상으로 한 일종의 미래 예측 의견 조사였습니다. 그들이 예측한 100년 후, 즉 1993년의 세상은 평균수명은 150세가 되고, 인

● '신대륙 발견'이라는 표현을 자주 쓰는데 이 용어는 매우 부적절하다. 신대륙 발견이라는 표현은 완전히 유럽인의 관점이다. 유럽이나 아메리카나 둘 다 아주 오래된 대륙인데 왜 유럽은 구대륙, 아메리카는 신대륙인가. 그리고 아메리카 원주민의 입장에서 보면 그들은 오래전부터 아메리카 대륙을 누비며 살고 있었는데 어느 날 유럽인이 불쑥 와서는 새로운 대륙을 발견했다고 하는 건 뭔가 이상하다. 남미지역 사람들은 신대륙 발견이 아니라 '조우(Encounter)'라고 표현한다.

류는 자유롭게 하늘을 날 수 있을 것이고, 미국은 초강대국이 될 것이고, 남녀평등이 이뤄지며, 문맹과 범죄는 사라지고, 가정에서 세계 어디와도 이야기할 수 있는 세상이었습니다.**

당시로는 실현 불가능한 꿈이나 몽상에 불과했겠지만 그 꿈의 상당 부분은 100년 후에 실현되었습니다. 사람들은 비행기로 자유롭게 하늘을 날아다닐 수 있게 되었고, 앉은 자리에서 세계 어느 곳에라도 연락할 수 있고, 미국은 초강대국이 되었습니다. 물론 평균수명 150세는 달성하지 못했고, 문맹과 전쟁, 세금도 없어지지는 않았지만 말입니다.

한국에서는 1965년에 만화가 이정문 화백이 2000년대를 예측하며 미래 세상을 만화로 그린 것이 어문각의 클로버문고에 실린 적이 있습니다. '서기 2000년대의 생활의 이모저모'라는 제목의 이 만화를 보면 달나라로 수학여행을 가고, 청소나 가사는 로봇이 하고, 공해 없는 전기자동차가 도로를 다니고, 집에서 치료도 받고 공부도 하는 등의 모습이 그려져 있습니다. 첨단과학기술 덕분에 모바일 폰, 인터넷 강의, 원격 진료, 전기자동차 등 대부분의 상상들은 현실로 이루어졌습니다.

이정문 화백은 미래창조과학부에서 발간하는 웹진 ≪미래이야기≫를 통해 이번에는 2041년의 미래 세상을 만화로 보여주었습

** 하마다 가즈유키, 『미래비즈니스를 읽는다』, 김창남 옮김(비즈니스북스, 2005), 28~30쪽.

니다.**●●●** 이정문 화백이 상상한 2041년 세상에는 평균수명이 100세를 돌파하고, 모든 에너지의 80%를 태양열이 담당하는 녹색 전성시대가 열립니다. 번개 저장용 기계의 발명으로 전기를 무제한으로 사용할 수 있고, 자동으로 운전되는 자동차가 발명돼 음주단속을 걱정할 필요가 없습니다. 좁쌀 크기의 수술용 로봇이 환부에 투입돼 치료를 하고 집단속은 방범 로봇이 담당합니다. 초대형 원형 비행기로 세계 여행이 보편화되고, 휴대전화 하나로 병 진단, 동시통역 등이 가능합니다. 이정문 화백이 제시한 미래는 허무맹랑한 상상이 아니라 과학기술의 힘으로 충분히 실현 가능한 상상입니다.

매년 4월 과학의 달에는 과학 관련 행사나 대회가 많이 열립니다. 과학의 날 즈음해서는 과학독후감 대회, 과학글짓기 대회 등 각종 과학 행사들이 많이 열리는데, 여기에는 과학기술 발달로 오게 될 미래 세상을 상상해서 그림으로 그리는 과학상상화 그리기 대회가 빠지지 않습니다. 학생들은 로봇과 우주선, 심해 도시나 우주 자원 개발 같은 제법 그럴 법한 소재를 상상해서 미래 세상을 그립니다. 이런 상상은 대회에 참가한 아이들만의 전유물은 아닙니다. 어른들도 미래 세상을 궁금해하며, 미래를 상상해볼 수 있어야 합니다. 30년 후의 대한민국, 50년 후의 미래 세상은 어떤 모습일지 아직 오지 않은 미래에 호기심을 갖고 상상하는 것은 생명체

●●● 이정문, "만화 속 세상이 현실로!", ≪미래이야기≫, 6월호(2016).

중 오직 인간만이 할 수 있습니다.

　과학연구나 기술 개발, 또는 새로운 발명의 출발점은 상상입니다. 존재하지 않는 것을 생각하고 꿈꾸는 상상은 무에서 유를 창조하는 힘입니다. 창의적인 연구는 대부분 가정이나 상상으로부터 시작합니다. 일찍이 아인슈타인이 "상상은 지식보다 중요하다"고 말했던 것은 바로 이 때문일 것입니다. 상상이 구체화되면 아이디어가 되고, 그 아이디어로부터 과학 연구가 시작됩니다. 무수한 실험과 시행착오를 거치면서 새로운 과학 원리가 만들어지고 독창적인 발명품도 탄생합니다. 미래를 예측하고 준비하기 위해서는 먼저 미래 세상을 상상해야 합니다.

미래를 보는 눈

다시 디지로그를 생각한다

애플 컴퓨터의 로고는 입으로 반쯤 저며 먹은 모양을 하고 있고 실리콘 밸리의 마돈나 킴 폴리제는 인터넷 쌍방향 프로그램을 개발하면서 그 이름을 커피 브랜드인 '자바'에서 따다 붙였다. ⋯ 정보사회에서 '미각'은 디지털화할 수 없는 최후의 아날로그적 감각과 그 가치를 상징하는 존재가 된다.•

한국을 대표하는 지성, 이어령 교수가 2006년 ≪중앙일보≫에 쓴 글의 일부입니다. 그는 인터넷으로 대표되는 디지털 문화 코드와 먹는 것으로 상징되는 아날로그 문화 코드의 양극화를 우려하면서 디지털과 아날로그가 융합되는 '디지로그(Digilog)'야말로 미래를 읽는 키워드라고 말했습니다.

10여 년이 지난 지금, '디지로그'는 다시 현재가 되었습니다. 4차 산업혁명이 가져올 세계는 사이버물리시스템(CPS)이라고 합니

• "디지로그 시대가 온다", ≪중앙일보≫, 2006년 1월 1일.

다. 즉, 사이버와 물리가 통합되는 세상을 뜻합니다. 온라인과 오프라인이 결합하는 트렌드를 가리키는 O2O(Online to Offline)도 결국 같은 현상을 말합니다. 온라인과 오프라인, 비트와 아톰, 가상현실과 실제현실은 더 이상 이항 대립물이 아닙니다. 디지털화가 가속화된다고 아날로그 세상이 사라지는 않으며, 온라인이 오프라인을 대체할 수도 없습니다. 융합과 통합으로 서로를 보완하는 세상이 돼야 합니다.

디지털 세상은 0과 1로 이루어지는 세상입니다. 모든 정보는 0 아니면 1, 둘 중의 하나로 처리되고, 무한히 많은 0과 무한히 많은 1이 존재할 뿐입니다. 반면 아날로그 세상에는 0과 1만 있는 것이 아닙니다. 디지털은 양자택일이지만, 아날로그는 무한대의 선택지를 갖고 있습니다. 디지털의 논리는 우리에게 끊임없이 양자택일을 요구합니다. 디지털은 반드시 0과 1 중 한 가지를 택해야 하므로 어찌 보면 흑백논리가 될 수 있습니다. 하지만 아날로그는 그렇지 않습니다. 현실 세상에서는 흑과 백 사이에도 무수히 많은 회색이 존재하므로 일종의 완충 역할을 해줍니다. 인간의 감성이나 문화는 결코 양자택일의 디지털이 될 수 없습니다. 미래에는 디지털화가 더욱 가속화될 것입니다. 하지만 디지털, 온라인, 사이버는 자기완결적인 세상이 될 수 없습니다. 디지털에 기반을 둔 기계화는 편리함과 함께 더 많은 문명의 이기를 가져다줄 것이지만 한계가 존재합니다. 0과 1 사이 디지털의 공백은 다양한 가능성의 아날로그가 메꿔야 합니다.

얼마 전 미래트렌드를 다룬 한 컨퍼런스에서 인공지능을 탑재한 로봇 셰프가 상용화될 것이라는 내용의 발표를 들은 적이 있습니다. 이 로봇 셰프 '몰리(moley)'는 영국 BBC의 요리 경연 프로그램 〈마스터 셰프〉 우승자인 팀 앤더슨(Tim Anderson)의 동작을 바탕으로 각종 요리법을 학습했다고 합니다. 20개 모터와 24개 관절, 129개 센서를 단 두 개의 로봇 팔이 요리하는 로봇으로 2017년 4분기까지 개발을 마치고 출시될 예정이라는 군요.** 머지않아 인공지능 셰프가 만든 요리를 맛볼 수 있을지도 모르겠습니다. 하지만 그렇게 된다고 해서 모든 가정에서 인공지능 셰프를 구입하고, 수많은 인간 셰프들이 일자리를 잃게 될 거라고 생각하지는 않습니다. 표준화된 디지털 레시피가 인간의 섬세한 아날로그적 미각을 만족시킬 수는 없기 때문입니다.

디지털과 아날로그는 존재 이유와 방식이 서로 다릅니다. 한쪽이 한쪽을 대체할 수는 없습니다. 디지털과 아날로그는 분단, 양극화가 아니라 수렴, 융합의 방향으로 가야 합니다. 디지털은 아날로그를 기반으로 해야 하고, 아날로그는 디지털을 지향해야 합니다. 새가 한쪽 날개만으로는 날 수 없듯 우리가 사는 세상도 디지털과 아날로그라는 양 날개를 함께 움직여야 앞으로 나아갈 수 있습니다. 지금 우리가 다시 디지로그의 의미와 가치를 생각해야 하는 이유입니다.

** "건강관리서 요리까지… '로봇 집사' 눈앞", ≪문화일보≫, 2016년 12월 1일.

미래 전략, 싱크탱크가 필요하다

한반도를 둘러싼 긴장 관계가 계속되는 상황에서 최근 미국과 중국 간의 물리적 충돌 가능성을 조심스럽게 예견한 보고서가 나왔습니다.* 북한 정권이 붕괴했을 때 한국, 미국 또는 중국이 다른 이해 당사자들과 조율하지 않은 채 북한에 군사 개입을 할 경우 미국과 중국 간의 물리적 충돌이나 전쟁으로 이어질 수 있다는 미래 시나리오를 담고 있습니다. 이 보고서의 출처는 미국의 글로벌 싱크탱크(Think Tank)인 '랜드(RAND)연구소'입니다. '싱크탱크'라는 용어는 제2차 세계대전 때 전문가 집단이 전쟁 조직에 편입되거나 복무하면서 사용되기 시작했습니다. 특히 싱크탱크는 전후 미국에서 대거 생겨났으며, 그중 1948년에 설립된 '랜드 코퍼레이션(랜드연구소)'이 선구자라 할 수 있습니다.

싱크탱크는 여러 학문 분야 전문가를 조직적으로 결집해 조

---

* "랜드연구소, 북 붕괴 때 조율 없는 군사개입, 미중 전쟁 촉발 가능", 《연합뉴스》, 2016년 8월 10일.

미래를 보는 눈

사·분석 및 연구개발을 행하고 그 성과를 제공하는 것을 목적으로 하는 집단이나 조직을 말합니다. 정부 자금으로 운영되는 정부 산하 싱크탱크, 기업체 부설 싱크탱크, 정당 부설 싱크탱크, 비영리 싱크탱크 등으로 구분할 수 있습니다.

미국 펜실베이니아대학교 로더연구소의 '싱크탱크와 시민사회 프로젝트(Think Tanks and Civil Societies Program: TTCSP)'의 보고서에 의하면, 2014년 현재 전 세계의 싱크탱크는 6681곳이나 됩니다.[••] 나라별로 보면 미국이 1830개로 압도적으로 많습니다. '싱크탱크의 나라'라고 할 만합니다. 그다음이 중국(429개)이고, 영국(287개), 독일(194개), 인도(192개), 프랑스(177개) 등이 뒤를 잇고 있습니다. 한국은 35개에 불과한데, 대만(52개), 우크라이나(47개), 나이지리아(46개)보다도 적습니다. 대륙별로 보면 북미(1989개)와 유럽(1822개)에 가장 많고 그다음이 아시아(1106개)입니다. 카네기 국제평화재단이 격월간으로 출간하는 외교전문지 ≪포린 폴리시(Foreign Policy)≫는 2008년 전 세계 학자들을 대상으로 한 설문조사 등을 토대로 전 세계 싱크탱크의 순위를 발표한 적이 있습니다. 1위는 중도진보적 입장을 보여온 미국의 브루킹스연구소(Brookings Institution)가 차지했는데, 오바마 집권 후 연구원들이 오바마 행정부에 입각하며 전성기를 구가했습니다. 2위는 뉴욕에 있는 미국외교협회(CFR), 3위는 워싱턴의 카네기 국제평화재단(CEIP)이 차지했

[••]   http://repository.upenn.edu/think_tanks/

국가별 싱크탱크 수

순위	국가	싱크탱크 수	순위	국가	싱크탱크 수
1	미국	1,830	13	브라질	82
2	중국	429	14	스웨덴	77
3	영국	287	15	스위스	71
4	독일	194	16	멕시코	60
5	인도	192	17	이집트	57
6	프랑스	177	17	네덜란드	57
7	아르헨티나	137	19	이스라엘	56
8	러시아	122	20	스페인	55
9	일본	108	21	루마니아	54
10	캐나다	99	22	벨기에	52
11	이탈리아	92	22	대만	52
12	남아프리카공화국	87	24	볼리비아	50

고, 랜드연구소는 4위에 올랐습니다.

　랜드연구소는 규모와 영향력 면에서 세계 최고 수준입니다. 본부는 미국 산타모니카에 있지만 북미, 유럽, 호주 등 전 세계 53개국에 지부를 두고 있고, 전체 직원만 1870여 명에 이릅니다. 연구소에서는 다국적 언어를 구사하고 있습니다. 사용 언어를 보면 아랍어, 러시아어, 중국어, 프랑스어, 독일어는 물론이고 한국어, 페르시아어 등 75개나 된다고 합니다. 직원의 57%가 박사학위를 갖고 있습니다. 박사학위 전공을 살펴보면 사회과학이 13%로 가장 많고 그다음이 경제학(12%), 정책분석(10%), 생명과학(9%) 순이고, 국제관계, 공학, 정치학, 행동과학은 각각 8%입니다. 거의 모든 분야 전문가들이 모여 있어 어떤 주제건 연구와 분석이 가능합니다.***

랜드는 원래 1946년 미 공군의 'RAND 프로젝트'가 모태였고, 1948년 헨리 아널드(Henry Arnold), 도널드 윌스 더글러스(Donald Wills Douglas) 등에 의해 정식으로 설립됐습니다. 민간 과학자와 기술자 중심의 비영리 연구개발기관으로 출발해 처음에는 미공군의 공중전 전략 전술을 평가하고 개발하는 민간연구소 기능을 수행했고, 점차 핵전략, 대륙간탄도미사일, 스타워즈 등 군사전략 연구 등을 맡아왔습니다. 그러다 미국 정부뿐만 아니라 민간재단, 국제기구, 통상기구와도 협력 관계를 넓혔고, 다른 나라 정부와도 파트너십을 확대해왔습니다. 게임이론과 미분 기하학 분야를 연구해 1994년에 노벨 경제학상을 수상한 존 포브스 내시(John F. Nash)가 주인공으로 나오는 영화 〈뷰티풀 마인드〉에도 랜드연구소가 나오는 등 제법 잘 알려져 있습니다.

랜드의 업적은 시스템 분석에서 두드러집니다. 연구 성과는 컴퓨터, 인공지능 분야와 연계된 우주시스템 분석 등에서 많이 나왔습니다. 냉전 시절에는 소련과 대치하던 국제 정세 때문에 미국의 냉전 전략을 수립하는 데 중추적인 역할을 했으며, 점차 연구 영역을 넓혀 안보, 군사전략뿐 아니라 테러리즘, 보건, 지정학, 교

●●● http://www.rand.org/about.html

육 시스템에 이르기까지 방대한 연구 결과를 냈습니다. 획기적 발명으로 첨단 기술 발전을 선도하기도 했습니다. 날씨나 길을 알려주는 위성위치확인시스템(GPS), PC, 인터넷 등은 이 연구소의 연구를 통해 고안한 것입니다. 랜드의 미션은 '연구와 분석을 통해 정책과 정책결정의 개선을 돕는 것'입니다. 연구소 창립 후 약 70년 동안 28명의 노벨상 수상자를 배출했는데 이들은 랜드 소속이거나 연구 프로젝트에 참가했던 사람들입니다.

랜드연구소는 미래 예측의 과학적 방법론을 정립한 최초의 연구소라는 점에서도 의의가 큽니다. 현대적 미래 연구나 미래학은 랜드연구소에서 시작되었다고 해도 과언이 아닙니다. 현대적인 미래 예측의 가장 대표적 방법론으로는 시나리오 기법과 델파이 기법을 들 수 있는데, 이 두 방법론은 모두 랜드연구소에서 만들어졌습니다. 1948년 랜드연구소는 국방 기술 수요와 사회 발전 추세 예측 등 긴급한 국방 및 사회 현안에 대한 전문가들의 집단 의견을 수렴하면서 '델파이(Delphi) 기법'을 개발했습니다. 랜드연구소에서 본격적으로 시작된 미래 예측은 1960년대, 1970년대를 거치면서 전 세계로 확대되기 시작했습니다. 올라프 헤머(Olaf Helmer)와 시어도어 고든(Thepdore J. Gordon)은 미래 예측 기법을 이용해 미래 예측 게임기인 '퓨처(Future)'를 개발했고, 허먼 칸(Herman Kahn)은 자신이 설립한 허드슨연구소를 중심으로 시나리오 기법을 발전시켜나갔습니다.

독일의 정치학자 마틴 투너트(M. Thunert)는 싱크탱크를 "사적 또는 공적으로 재정이 충원되는 실천지향적 연구기관으로서 학술적 기능을 하고, 정책에 연관되고 실천에 관련된 문제들을 다루며 이상적으로는 정책 결정에 도움이 되는 결과와 제언을 전달하는 곳"이라고 정의했습니다.●●●● 이런 정의에 비추어 보면 랜드연구소는 싱크탱크로서의 기능과 역할을 충실히 수행해온 연구소라 할 수 있습니다. 랜드연구소는 제2차 세계대전 후 꾸준히 미국의 세계 지배 전략을 연구하고 이끌어왔습니다. 그래서 제2차 세계대전 후 미국은 전 세계를 지배했고 랜드연구소는 미국을 지배했다고 해도 그리 틀린 말이 아닐 것입니다.

환경 변화가 빠르고 불확실성이 커질 때는 미래를 예측하고 중장기적 국가전략을 모색하는 전문적인 싱크탱크가 필요합니다. 과거사에만 매몰되거나 현재의 난국만 쳐다보고 있으면 안 됩니다. 언제나 눈은 미래를 바라보고 있어야 합니다. 윈스턴 처칠은 "과거와 현재가 싸우면 미래를 잃는다"는 의미심장한 말을 남겼습니다. 한국에는 미래 전략하면 떠올리게 되는 싱크탱크가 없습니다. 믿을만한 싱크탱크 하나 없이 미래를 헤쳐 나간다는 것은 나침반 없이 풍랑이 몰아치는 바다를 항해하는 일과 같습니다. 미래를 생각하고 예측하는 데는 전문가 집단이 꼭 필요합니다. 대통령 선거 국면이 되면 반짝하고 나타났다 사라지는 권력바라기형 싱크탱크가 아니라 국가와 민족, 인류의 미래를 긴 호흡으로 생각하는 싱

●●●● 박명준, 『독일 싱크탱크 산책』(이매진, 2012) 참조.

크탱크가 절실합니다. 정부 용역을 받아 구미에 맞는 보고서를 만들어주는 국책연구소가 아니라 불편부당한 입장에서 미래를 내다보고 냉철한 분석을 하는 독립적인 싱크탱크 말입니다.

미래 예측과 시민사회

누구나 좀 더 나은 미래를 원합니다. 사회나 국가도 마찬가지입니다. 국가는 정부, 공공 영역, 시장, 시민사회 등이 모두 유기적으로 어우러져서 생명력을 가진 유기체로서의 국가가 되기를 원합니다. 정부만 잘한다고 국가가 잘되지 않습니다. 정부는 전지전능하지 않으며 사회가 복잡해질수록 공공 영역이 커버하지 못하는 사각지대가 커질 수밖에 없습니다. 이 때문에 시민사회의 역할은 점점 중요해지는 것입니다.

우리 사회는 체계적인 미래 대응에 여전히 취약하지만 미래 예측과 미래학에 대한 관심은 점점 커지고 있습니다. 서구 사회에서는 1960년대 말부터 산업사회와는 다른 '탈산업사회'에 대한 담론이 제기되었지만, 발전도상국의 경우는 서구식 근대화를 미래상(未來像)으로 하면서 미래를 앞당기기 위해 노력하는 형태로 미래 탐구가 시작됐습니다. 미래 가능성을 설정하고 그 실현을 위해 오늘의 계획을 세우는 식이 되다 보니 한국의 미래 연구는 처음에는 경제개발 5개년계획과 같은 '발전학'의 형태를 취했습니다.

1960년대 말 한국미래학회의 창설은 한국 미래학 역사의 서막이었습니다. 한국미래학회는 1968년 '한국 2000년회'라는 이름으로 처음 발족했습니다. 1970년 4월에는 학회지 ≪미래를 묻는다≫를 발간했고, 꾸준히 연구 활동을 해왔습니다. 하지만 한국미래학회의 활동은 활성화되지 못했고 별 사회적 관심도 끌지 못했습니다. 2016년 들어 새로운 미래학회가 출범한 건 이 때문일 것입니다. 2016년 1월 미래 연구를 하는 전문적인 학회 '미래학회'의 창립 총회가 열렸고 KAIST 미래전략대학원의 이광형 교수가 초대 학회장으로 선출됐습니다. 이광형 교수는 언론 인터뷰를 통해 "위키피디아처럼 전문가뿐만 아니라 모두가 미래 구상을 논의하는 '위키 미래 전략' 같은 사이트를 만들 것"이라고 밝혔습니다.[*] 한편 민간의 미래학연구소로는 1989년에 설립된 한백연구재단, 1995년에 설립된 한국미래학연구원 등이 있습니다.

 한국의 대학에는 아직도 미래학 관련 정규 학위과정이 없습니다. 산발적으로 미래학 관련 강좌가 개설되어 있거나, 기술경영학과 등에서 미래학을 다루고 있는 정도입니다. 학회나 연구소, 학회지 형태로 미래 예측이 전문연구자 중심으로 이루어지고는 있지만 미래 발전 계획에 대한 시민 참여나 시민사회 차원의 미래 대응은 거의 전무하다고 할 수 있습니다.

---

[*] "모두가 자유롭게 미래 구상하는 온라인 사이트 곧 개설", ≪동아일보≫, 2016년 2월 11일.

미래를 보는 눈

서구 사회의 경우는 시민사회도 미래 예측이나 미래 대응에서 나름대로의 역할을 하고 있습니다. 특히 프랑스는 역사적으로 예언이나 미래 예측 부분에서도 다른 나라보다 앞서 있었습니다.[**] '예언'하면 노스트라다무스를 떠올릴 정도로 프랑스의 예언가 노스트라다무스는 명성이 높습니다. 그의 예언은 사후 500여 년이 지난 지금도 여전히 인구에 회자되고 있을 정도입니다. 세바스티앙 메르시에르(Sebastien Mercier)라는 사람은 1770년에 『서기 2440년』 이란 책을 출판했습니다. 줄거리를 살펴보면, 18세기에 태어난 주인공이 오랜 동면 끝에 눈을 떠보니 25세기가 되어 있었는데 세계는 전에 없는 평화를 구가하고 있고 왕정은 남아 있었지만 노예제도 폐지되고 파리는 과학도시로 발전해 있고 남녀 간의 연애는 자유롭고 평등해졌다는 등 미래를 상상한 내용입니다. 당시로서는 매우 파격적인 내용이라 판매 금지를 당했습니다. 이 책은 당시의 권위적 행태를 비판하며 미래 세계를 묘사한 책으로 역사상 최초의 SF소설이라고 할 수 있습니다.

　　19세기 과학 지식을 바탕으로 본격적인 SF소설 시대를 연 사람은 쥘 베른(Jules Verne)입니다. 그는 일생 동안 80여 편의 과학소설과 모험소설을 썼고, 경이의 여행 시리즈 60여 편을 출판했습니다. 『기구를 타고 5주간(Cinq semaines en ballon)』, 『지구에서 달까지(De la Terre à la Lune)』, 『달나라 탐험(Autour de la Lune)』, 『해저

[**]　최연구, 『미래를 예측하는 힘』(살림, 2009), 22쪽.

2만리(Vingt mille lieues sous les mers)』,『80일간의 세계 일주(Le Tour du monde en quatre-vingts jours)』등은 그의 대표작입니다. 그의 명작들은 풍부한 상상력과 과학 지식을 토대로 완성한 본격적인 공상과학소설입니다. 미래를 꿈꾸게 하고 상상력을 넓혀준 쥘 베른의 소설『80일간의 세계일주』나『해저 2만리』는 프랑스 과학문화의 산물이라고 할 수 있습니다. 프랑스는 예술과 문학의 나라로 알려져 있지만 그 속을 들여다보면 과학과 합리성을 중요시하는 나라이기도 합니다. TGV, 아리안 위성, 미니텔, 파스퇴르 공법 등은 프랑스 첨단 기술의 자랑입니다. 근대적인 미래 예측은 과학기술발전과 맥을 같이 하지만 과학적 사고방식이나 합리성을 추구하는 사회문화와도 연관을 갖고 있습니다.

프랑스 현대 미래학의 선구자는 베르트랑 드 주브넬(Bertrand de Juvenel)입니다. 1964년『추측의 기술(L'Art de la conjecture)』이라는 책을 출판한 그는 미래 예측의 철학적 원리를 제시했습니다. 드 주브넬은 원래 작가이자 언론인이었는데, 법학자, 정치학자, 경제학자로도 활동했습니다. 또한 1974년에는 ≪퓌티리블(Futuribles)≫이라는 잡지를 창간했는데, 퓌티리블은 '미래'를 의미하는 프랑스어 'Futurs'와 '가능한'이라는 뜻의 'possibles'를 결합해 만든 조어로 '가능한 미래들(Futurs possibles)'에 대한 성찰을 다루는 전문 월간지입니다. ≪퓌티리블≫은 매월 5000부가 발행되고 있고, 주로 프랑스어권 국가들에 배포되고 있는데 미래 인식의 대중화에 크게 기여했습니다. SF소설을 읽으면서 미래를 상상하고 미래 전문 대중지로 대중과 소통하는 이러한 문화는, 시민사회가 미래를 꿈꾸고 미래를 준비하는 데 참여하게 만드는 힘이 되고 있습니다.

프랑스는 특히 NGO의 활동이 활발한 나라 중 하나입니다. 시민사회를 이끌어 가는 요체라고 할 수 있는 NGO는 시민들의 자발적인 참여로 이루어진 비영리조직을 말합니다. 이 기준으로 보면 전 세계에서 국제적 연결망을 갖춘 NGO는 약 2만 5000여 개, 국내 활동만 하는 NGO는 약 8만여 개라고 하는데 유럽 지역에 40% 이상이 집중되어 있습니다. 영국의 엠네스티 인터내셔널, 프랑스의 국경없는 의사회, 스위스의 적십자 등이 유럽을 대표하는 NGO들입니다. 국가가 하지 못하는 일에도 선뜻 나서는 것이 NGO의 힘입니다. 과거 북한이 수해를 입어 전염병이 나돌았을 때 현지 지원을 위해 들어갔던 유일한 기구가 프랑스의 '국경없는 의사회'였습니다.

노동조합도 NGO의 한 종류입니다. 프랑스는 연초에 대통령의 초청으로 각 노동조합의 대표와 사용자단체 대표들이 노동정책과 사회정책에 대해 논의하는 자리를 가집니다. 이름하여 '사회정상회담(Le Sommet Social)'입니다. 여기에는 프랑스경제인연합회(MEDEF)를 포함한 사용자단체 세 곳은 공산주의 성향의 노조 CGT, 사회주의 성향의 CFDT, 중립 성향의 FO 등 다섯 개의 노조들이 모두 참여해 노동 관련 이슈와 미래에 대해 논의합니다. 중요한 것은 노조와 사용자단체 중 대표단체만 선별적으로 참석하는 것이 아니라 크고 작은 노조와 사용자단체들이 모두 참여한다는 점입니다. 이해관계가 대립하는 단체들이 모두 참여해 의견을 개진하고 대화하고 토론하는 이런 문화가 프랑스 민주주의의 근간을 이루고 있습니다. 이러한 모습은 미래 비전 수립에서도 서로 다른 이해당사자들의 대립적인 의견을 비교하고 조율하고 조정해야 할 필요성과 당위성을 시사해줍니다. 프랑스식 미래 전략 및 비전 수립은 서로 다른 집단(시민사회의 다양한 이익집단, 정치집단 등)의 이해관계가 담긴 복수의 미래 시나리오에서 공통분모를 찾고, 공동체의 이익을 위해 가장 바람직한 방향과 전망을 모색하는 방식이 아닐까 싶습니다.

모든 사회는 개인과 시민사회, 시장과 정부 등으로 구성되어 있습니다. 흔히 사회는 크게 세 부분으로 연결되어 있다고 말합니다. 첫 번째는 그리스인들이 오이코스(Oikos), 즉 '집'이라고 불렸던 가정이나 사생활이고, 두 번째는 아고라(Agora)인데 개인들이 만나서 이야기를 나누고 서로 교제하며 나아가 단체나 기업을 형성하기도 하고, 또는 개인이나 정부의 보조를 받는 극단이 연극 공연을 하기도 하는 사적이면서도 공적인 장소입니다. 이것이 바로 시민사회입니다. 마지막은 공공의 장소인 에클레시아(Ecclesia)로 정치권력이 행사되고 존재하고 또 물러나는 곳입니다. 이 세 가지 영역의 관계는 고정적이고 경직된 방식으로 형성돼서는 안 되며 유동적이고 유기적으로 연결돼야 합니다.••• 공공 영역과 개인 영역을

••• 이냐시오 라모네 외, 『프리바토피아를 찾아서』, 최연구 옮김(백의, 2001), 36쪽.

미래를 보는 눈

이어주고 완충적인 역할을 하는 것은 '아고라', 즉 시민사회입니다. 우리 사회는 서구 선진국에 비하면 여전히 공공 영역이 비대하며 시민사회의 역할은 크지 않은 편입니다. 미래 예측이나 미래 대응도 공공 영역의 몫이라고 생각하는 경향이 큽니다.

시민사회도 공동체의 미래를 준비하는 데 적극적으로 나서야 합니다. 정부가 아무리 관심을 갖고 미래를 준비하더라도 시민사회의 협조와 참여 없이는 미래 비전을 달성할 수 없습니다. 정부 여당과 야당의 대화와 협력도 중요하지만 다양한 이해관계를 가진 시민단체들, NGO들의 의견 수렴과 참여도 매우 중요합니다.

일간지, 잡지, TV 같은 대중매체는 늘 미래에 대해 관심을 갖고 기사나 뉴스로 미래에 대한 정보를 대중에게 제공해줘야 합니다. 대중매체는 여전히 대중들에게 가장 강한 영향을 미치는 매체이기 때문에 대중매체의 역할이 특히 중요합니다. 시민들도 사회의 미래에 대해 관심을 갖고 소통하고 대화하고 참여하는 문화를 만들어야 합니다. 미래 관련 민간연구소는 시민사회의 참여를 유도해야 하고 미래연구학회는 시민들이 참여할 수 있는 공간을 만들어 대중과 소통해야 합니다. 국공사립대학은 미래 관련 학과와 전공 과정을 개설하는 등 사회 전체가 공동의 미래에 대해 관심을 갖고 참여할 수 있게 하는 시스템을 만들어야 할 것입니다.

공공 영역이 앞에서 끌고 시민사회가 억지로 뒤따라가는 방식이 아닌 시민사회의 참여로 공공 영역과 시민사회가 손잡고 함께 끌고 가는 모습이 돼야 공동체의 미래를 만들 수 있을 것입니다.

미래 과학 발전과 최고 지도자

인공지능, 사물인터넷, 무인자율자동차, 빅데이터 등 과학과 정보통신기술(Information and Communication Technology: ICT)이 4차 산업혁명을 이끌고 있습니다. 과학과 정보통신기술이 발전하기 위해서는 많은 조건이 필요하지만 그중 국가 최고 지도자의 관심과 이해, 비전 또한 빠트릴 수 없습니다. 1961년 5월 존 F.케네디 미국 대통령은 역사적인 의회 연설을 하면서 다음과 같이 우주 계획을 밝힙니다.

미국은 60년대가 끝나기 전에 인간을 달에 보내 무사 귀환시켜야 합니다. 다른 어떠한 우주 계획도 인류에게 이보다 강렬한 인상을 심어줄 수 없다고 확신합니다.•

냉전시대 우주 정복 전쟁의 포문을 연 것은 미국이 아니라 소련

• "NASA는 어떻게 두 마리 토끼를 잡을 수 있었나", ≪IT조선≫, 2016년 8월 6일.

미래를 보는 눈

이었습니다. 소련은 1957년 인공위성 스푸트니크 호(Sputnik) 발사에 성공했고, 1961년 유인 우주선을 발사해 지구 궤도에 올려놓는 데 성공했습니다. 소련의 우주인 유리 가가린(Yurii Gagarin)이 108분 동안 지구 궤도를 도는 우주 비행에 성공하자 미국인들은 두려움에 떨었

■ 달에 착륙한 버즈 올드린

습니다. 하지만 국면을 바꿔놓은 것은 한 사람의 최고 지도자였습니다. 케네디 대통령은 인간을 달에 보내고 돌아오게 한다는 이른바 '맨 온 더 문(Man on the Moon) 프로젝트'를 발표해 미국인들에게 우주과학의 꿈과 비전을 제시했습니다. 비록 케네디 자신은 그 꿈이 이뤄지는 것을 보지 못했지만 국가 지도자 한 명의 비전으로 시작된 우주 계획은 후임인 민주당 존슨 대통령과 공화당 닉슨 대통령에게 계승됐습니다. 결국 1969년 닐 암스트롱(Neil Armstrong)과 버즈 올드린(Buzz Aldrin)의 달 착륙으로 미국은 소련과의 우주 경쟁에서 단숨에 우위를 차지할 수 있었습니다.

2016년 10월 11일 버락 오바마 대통령은 CNN에 기고한 글에서 미국의 화성 탐사 프로젝트를 소개하며 2030년까지 화성에 인류를 보내겠다고 밝혔습니다.

우리는 미국의 우주개발 역사에 필수적인 분명한 목표를 갖고 있다. 바로 2030년까지 인류를 화성에 보내고 그들을 지구에 안전하게 귀환시키는 것이다. 화성에 인류를 보내려면 정부와 민간 혁신가들의 협력이 필요하며, 우리는 이미 그렇게 하고 있다.●●

2016년 창립 50주년을 맞은 한국과학기술연구원(KIST)은 한국의 과학기술 발전과 도약의 출발점이었습니다. 한국과학기술연구원 설립도 국가 최고 지도자의 비전 덕분이라고 할 수 있습니다. 베트남 전쟁이 치열하던 1964년부터 1973년 완전 철수 때까지 한국은 미국을 도와 많은 병력을 베트남전에 파견했고 희생을 치렀습니다. 1965년 5월, 월남 파병에 대한 보답의 의미로 린던 존슨(Lyndon Johnson) 미국 대통령은 박정희 대통령을 백악관으로 초청해 정상회담을 열었습니다. 존슨 대통령은 과학기술 입국에 관심이 있던 박정희 대통령에게 '공과대학' 설립을 도와주겠다고 제안했습니다. 하지만 박정희 대통령은 대학 대신 공업기술연구소 설립을 도와달라고 부탁했습니다. 그렇게 해서 미국의 지원으로 탄생한 것이 홍릉에 있는 한국과학기술연구원입니다. 박정희 대통령은 한국과학기술연구원 설립 후에도 한 달에 한두 번씩은 꼭 연구소를 찾았고, 연구원들과 대화를 나누는 등 지대한 관심을 보였습니다. 한국과학기술연구원은 공업기술 인프라 구축에서 시작해 지

●● "오바마 '2030년까지 화성에 인류 보낼 것'", ≪중앙일보≫, 2016년 10월 12일.

　　　　　　　　　　　　　　　　미래를 보는 눈

난 반세기 동안 한국 과학기술연구의 요람 역할을 했습니다. 한강의 기적을 이룬 과학기술의 토대는 한국과학기술연구원을 통해 마련됐다고 해도 과언이 아닙니다. 한국과학기술연구원이 국가 발전에 중추적 역할을 담당할 수 있었던 것은 국가 최고 지도자인 대통령이 과학기술에 대한 확고한 비전이 있었고, 또한 과학기술에 대한 지원을 아끼지 않았기 때문입니다. 박정희 대통령은 1970년대 들어서는 전 국민의 과학화를 주창하면서 과학기술 대중화에도 큰 관심을 기울였습니다.

2016년 5월 30일, 중국의 최고 권력자 시진핑 국가주석은 과학자 4000명이 모인 자리에서 중국의 과학굴기(倔起)를 선언했습니다. 중국과학기술혁신대회, 중국과학원 및 중국공정원 원사대회, 중국과학기술협회 전국대표대회가 동시에 열린 행사에 참석한 시 주석은 신중국 창립 100주년이 되는 2049년까지 중국을 과학기술 세계 최강국으로 만들겠다는 비전을 제시했습니다. 시진핑 주석은 "중국이 2020년까지 과학기술 혁신국가가 되고, 2030년까지는 혁신국가의 선두에 서며, 2049년에는 과학기술최강국이 돼야 한다"며 단계적 목표를 제시했고, 과학기술자는 국가의 자산이자 인민의 자랑이라고 강조했습니다. 시진핑 주석의 이러한 비전은 전임 장쩌민 주석의 '과교흥국(科敎興國)', 후진타오 주석의 '혁신국가 건설' 비전을 계승하고 있습니다.

케네디 대통령, 오바마 대통령, 박정희 대통령, 시진핑 주석의 공통점은 모두가 과학기술을 중시하고 과학기술에 대한 비전을 제시했던 국가 최고 지도자라는 사실입니다. 미래 변화를 이어갈 과학과 정보통신기술의 발전을 위해서는 혁신적 연구개발, 지속적 투자, 국민의 성원 등이 필요하지만 국가 최고 지도자의 의지와 비전 없이는 결실을 거둘 수 없습니다. 국가 지도자를 뽑는 선거에서는 다른 많은 이슈도 중요하겠지만 후보자들의 과학 비전은 반드시 눈여겨봐야 합니다. 대한민국의 미래는 과학·정보통신기술 정책에 달려 있으며 국가 최고 지도자는 분명한 비전을 갖고 있어야 합니다.

그런데 언제부터인가 한국에서는 국가 최고 지도자가 관심을 쏟는 정책이 다음 정권에서는 승계되지 못하고 5년짜리로 끝나버리는 구조가 정착되고 있습니다. 참여정부의 혁신정책은 이명박 정부에서는 녹색성장으로 대체되었고, 박근혜 정부에서는 녹색성장이라는 키워드가 사라지고 창조경제가 새로운 국정방향으로 설정됐습니다. 혁신, 녹색성장, 창조경제 등의 정책은 10년, 20년을 지속적으로 지원해야만 경쟁력을 확보할 수 있습니다. 정권이 바뀌면 전 정부의 키워드와 색깔을 지우고 새롭게 리셋을 하는 구조로는 과학기술 경쟁력을 가질 수 없습니다. 좋은 정책은 계승돼야 합니다. 목욕물 버리다가 아기까지 버리는 우를 범해서는 안 됩니다. 5년짜리 국가정책의 악순환 구조를 극복하지 못하면 대한민국의 미래는 없습니다. 국가 최고 지도자는 과학기술에 대한 분명한 비전을 갖고 정책을 추진해야 합니다. 하지만 더 중요한 것은 적어도 과학기술 분야만큼은 정권 교체에도 불구하고 지속될 수 있는

　　　　　　　　　　　　　　　　　미래를 보는 눈

중장기적인 국가비전을 세워야 한다는 것입니다. 정부 비전이 아니라 국가 비전을 만들어야 인공지능시대의 글로벌 경쟁에서 살아남을 수 있습니다. 정권의 미래가 아니라 대한민국의 미래가 걸린 문제입니다.

인재 계획 없이는 미래가 없다

중국 춘추전국시대 제자백가 중 한 사람인 관자(管子)는 인재 양성은 국가의 미래가 걸린 일이라는 점을 강조하며 이런 말을 남겼습니다.

> 1년 계획으로는 곡식 심는 일만 한 것이 없고, 10년 계획으로는 나무 심는 일만 한 것이 없고, 평생 계획으로는 사람을 심는 일만 한 것이 없다. 한 번 심어 한 번 거두는 것이 곡식이고, 한 번 심어 열 번 거두는 것이 나무이며, 한 번 심어 백 번 거둘 수 있는 것이 사람이다

무한경쟁시대입니다. 개인과 개인, 조직과 조직, 국가와 국가 간의 경쟁은 갈수록 치열해집니다. 21세기의 국가 간 경쟁에서 가장 중요한 것은 첨단 기술과 인재입니다. 미래의 먹거리는 첨단 기술에서 나오고, 첨단 기술은 인재의 두뇌에서 나옵니다. 테크놀로지만 강조해서는 안 됩니다. 인재 양성 없이 첨단 기술만 외치는

미래를 보는 눈

것은 어리석은 짓입니다. 기초과학, 첨단 기술, 창의문화, 혁신 등 모든 것이 인재에서 시작해 인재에 의해 완성됩니다.

이웃나라 중국의 굴기가 심상치 않습니다. 중국이 빠른 성장으로 단기간에 미국과 어깨를 견주는 G2 국가로 부상한 원동력은 과학기술과 인재 양성에 있습니다. 기초과학과 우주 분야 등 중국의 잠재력은 이미 잘 알려져 있으며, 최근에는 정보통신기술 분야에서도 눈부신 성장을 거듭하고 있습니다. 한국은 기술력과 품질에서는 일본에 뒤지고, 가격 경쟁력에서는 중국에 밀려 두 나라 사이에 낀 '넛 크래커(nut-cracker)' 같은 처지라고 이야기하곤 했습니다. 그런데 가격 경쟁력에서만 우위를 보여왔던 중국이 최근에는 전방위적으로 한국을 앞지르고 있습니다. 스마트폰 중국 시장 점유율에서 샤오미(Xiaomi)는 이미 삼성을 따라잡았고, 2015년에는 중국 본토 출신의 토종 여성과학자 투유유(屠呦呦)가 노벨 생리의학상을 수상했습니다. 웨어러블 디바이스, 드론, 전기차 등 신산업분야에서 중국은 시장을 주도하고 있고, 기술력과 품질 면에서 우리를 추월하고 있습니다. 중국의 고속철은 최고 시속 480km로 한국 KTX보다 1.5배 빠른데, 과학기술 발전과 인재 양성에서도 가속도가 붙으면 중국이 세계 최강국으로 부상하는 것도 불가능하지는 않을 것입니다.

중국은 '과학과 교육으로 나라를 발전시킨다'는 뜻의 과교흥국(科敎興國)을 기치로 내걸고 과학기술 인재 양성을 국가적 과업으로 추진해왔습니다. 중국은 백인 계획, 천인 계획, 만인 계획 등 체계적인 인재 양성 계획을 세워 추진하고 있습니다. 중국과학원은 1990년대 들어 우수한 과학기술 인재를 많이 배출했지만 국제적으로 명성을 떨칠 만한 인재는 부족하다는 인식하에 1994년부터 해외에서 백 명의 우수 인재를 선발하고 유치해 전폭적으로 지원하겠다는 '백인 계획'을 가동했습니다. 이렇게 해서 유치된 해외 인재들은 973계획(국가중요기초연구발전계획), 863계획(국가고도과학기술연구발전계획) 등 국가 프로젝트를 이끌어가고 있습니다.

2008년부터는 그 규모를 확대해 세계적 학자, 기업인, 전문기술인을 영입해 국가 중점 프로젝트에 투입하는 이른바 '천인 계획'을 추진하고 있습니다. 이어 2013년에는 향후 10년 동안 과학기술 등 분야에서 국가 인재 1만 명을 중점적으로 양성하려는 '만인 계획'을 시작했습니다. 노벨상이 기대되는 세계적 과학자 100명의 인재(1등급), 국가 과학기술 발전을 위한 필수 요원 8000명(2등급), 잠재력이 큰 35세 이하 젊은 인재 2000명(3등급) 등 약 1만 명의 핵심 인재를 국가가 책임지고 키운다는 야심찬 계획입니다. 만인 계획 인재로 선발되면 자신의 연구 과제 수행을 위해 최소 100만 위안(약 1억 8000만 원)을 지원받는 등 파격적인 대우를 받게 됩니다. 천인 계획은 해외 인재를 유치하기 위한 것이지만, 만인 계획은 중국 국내 인재까지 포함합니다. 한국생명공학연구원을 은퇴한 과학자 이정준 명예연구원은 2013년 중국 천인 계획 해외 전문가로 선발돼 중국으로 떠났습니다. 한국이 국가 발전의 원동력인 과학자들의 정년 문제에 대해 뾰족한 해결책을 못 내놓고 있는 틈을 노려

미래를 보는 눈

중국은 파격적 조건을 제시하면서 한국의 과학자들을 영입하고 있습니다.

2015년 3월 전국인민대표대회에서 리커창 총리는 중국 경제의 혁신과 벤처 창업을 활성화하기 위해 1억 명의 촹커(創客)를 육성한다는 목표를 제시했습니다. 촹커란 스스로 창의적인 시제품을 만들 수 있는 메이커를 뜻하는데, 디지털을 바탕으로 제작과 창업을 주도하고 변화를 이끌어가는 사람들입니다. 중국의 우수 과학 기술 인재와 촹커들은 과학 굴기를 이끌어갈 것입니다.

일찍이 나폴레옹 보나파르트는 "잠자는 사자, 중국이 깨어나면 세계를 뒤흔들 것"이라며 중국에 대한 두려움을 표했습니다. 지금 인재 대국 중국이 깨어나고 있습니다. 중국은 인재를 바탕으로 한국을 추월하고 있는데, 한국에서는 고급 인재 육성 계획 소식보다는 고위급 인사의 비리나 망언 소식만 전해지고 있습니다. 지금 우리가 머리를 맞대고 이야기해야 하는 것은 인재(人災)가 아니라 인재(人材)입니다. 경쟁력은 인재로부터 나옵니다. 인재 계획 없이는 미래도 없습니다.

인공지능시대의 교육

알파고 쇼크 이후 인공지능이나 기계의 발전이 미래에 미칠 영향을 이야기하는 사람들이 많아졌습니다. 기계가 인간을 위협하게 될 거라고 걱정하기도 합니다. 무한대 경우의 수에 가까운 바둑까지 인공지능이 인간을 이기는 시대에 이런 질문을 던져보죠.

사람이 기계보다 더 잘할 수 있는 것은 무엇일까요?

이 질문은 많은 것을 함축합니다. 철학적 관점에서 보면 인간 존재의 본질, 목적, 가치에 대한 물음이기도 하고, 교육적 관점에서 보면 앞으로는 어떤 인간을 길러내야 하고 어떤 교육이 필요한가의 문제이기도 합니다.

페이스북 등 SNS에 '사람이 기계보다 잘하는 건 뭘까요'라는 질문을 올렸더니 불과 몇 시간 만에 소셜미디어의 친구들이 댓글과 메신저로 다양한 생각을 전해주었습니다. 미처 생각하지 못했던 기발한 답변들도 많았습니다.

철학을 전공한 후배는 "기계하고 사람을 비교하라니 가당치
않다. 관념은 존재의 인식론적 산물인데, 기계가 자기 존재로부터
관념을 창출할 수는 없다. 자신의 기원과 생존을 걱정하는 기계가
있다면 그건 더 이상 기계가 아니다"라는 의견을 주었습니다.

많은 의견이 있었는데 그중 눈에 띄는 것들을 추려보면, 상상
력, 창작활동, 같은 것을 다양하게 바라볼 수 있는 것, 사랑, 도전,
질투, 슬픔, 그리움 등의 감정, 유머와 눈물, 서로 관계를 맺고 새로
운 것을 만드는 것, 여러 기능이 합쳐진 복합적 행동, 변화에 대한
적응력, 다른 사람의 감정을 알아채고 그의 필요를 채우기 위한 돌
봄 등입니다. 2세 만들기, 손맛이 들어가는 요리, 상황이 불리해지
면 거짓말을 하는 것, 놀고 술 먹고 취하기 등 재미있는 답변들도
있었습니다.

문제를 바꿔 사람이 기계보다 못하는 것, 즉 기계가 사람보다
잘하는 것을 생각해보면 더 명료해질 거라며, 기계의 강점으로 '단
순반복 작업'을 꼽는 분도 있었습니다. 딥러닝 기술을 통해 렘브란
트나 반 고흐의 화풍을 학습한 인공지능(AI)이 그린 그림이 900만
원에 팔렸다는 기사를 링크해주며, 인공지능이 이젠 예술까지 넘
보고 있다는 우려를 표명한 사람도 있었습니다. 평균적인 인간은
영원히 기계보다 잘할 수 있는 게 없을 거라는 암울한 의견을 준
사람도 있습니다.

"인간은 불완전하기 때문에 다양성을 갖는 것이고, 정확성을
요하는 작업에서는 AI나 로봇에 뒤지겠지만 인류의 진보는 '정답'

을 찾는 게 아니다"라는 의견, "배우고 때로 익히면 즐겁지 아니한가라는 공자의 말씀을 생각해봐야 한다"는 의견, "기계는 학습을 할 뿐, 마음이 자라지는 않는다"는 의견 등은 왠지 많은 것을 생각하게 해주었습니다. 이렇게 소통하며 함께 답을 찾아가고 공감할 수 있는 것이야말로 기계가 할 수 없는 인간의 영역이 아닐까 싶습니다.

인공지능의 연산 처리 능력은 엄청나겠지만, 아직 인공지능을 장착한 인간형 로봇의 상용화는 시기상조입니다. 서고 걷고 뛰고 손가락으로 물체를 짚는 등의 신체 행동을 하려면 고도의 지능이 필요한데, 아직 로봇 기술은 여기까지 이르지 못했습니다. 사실 이런 정도의 운동 능력은 인간에게는 지능이라고 할 수조차 없는 것입니다. 로봇공학자 한스 모라벡(Hans Moravec)은 "인간에게 쉬운 것은 기계에게 어렵고, 기계에게 쉬운 것은 인간에게 어렵다"고 말했습니다. 이른바 '모라벡의 역설'입니다. 그래서 기계는 기계적이고, 인간은 인간다워야 합니다. 기계와 인간 중 누가 뛰어난가의 문제가 아니고 기계와 인간은 근본적으로 다른 것입니다.

머신러닝, 딥러닝 같이 기계가 스스로 학습을 하며 사람처럼 생각하는 지능을 가질 수 있다는 것은 가히 혁명적입니다. 하지만 인격체가 아닌 인공지능기계는 학습을 하더라도 마음이 자라지는 않습니다. 또한 방대한 지식을 체계적으로 학습하고 집대성은 할 수 있을지라도 공자가 말한 바와 같은 '배우고 익히는 즐거움'을 느끼지는 못할 것입니다. 기계는 어떤 목적을 위해 만들어졌지만 인

미래를 보는 눈

간은 존재 자체가 목적임을 잊어서는 안 됩니다. 인간은 결과를 위해 살아가는 수단적 존재가 아닙니다. 알파고가 이세돌 9단을 이겼지만 사람들은 최선을 다한 이세돌에게 박수를 보냈습니다. 바둑을 배우는 목적이 대국에서 이기는 것은 아니기 때문입니다. 사람의 일생에서 중요한 것은 결과만이 아닙니다. 살아가는 과정, 존재하는 현재의 가치 자체가 소중합니다. 웃고 울고 즐기고 부대끼고 배우고 학습하는 과정이 인생이고, 만나고 좋아하고 싸우고 정들고 때론 헤어지기도 하는 과정이 사랑입니다. 인간의 삶은 매순간이 다 의미가 있습니다. 그게 기계가 결코 인간을 모방할 수 없는 본질이고, 인간이 존재 자체로 존엄한 이유입니다.

인공지능시대의 교육은 기능적인 삶이 아니라 인간적인 삶을 가르쳐야 합니다. 전문적인 지식 전달이 아니라 학습 방법과 학습의 즐거움을 가르쳐주는 교육이 돼야 합니다. 지식을 습득하고 데이터를 분석하는 것은 사람이 기계보다 못하지만, 사람은 기계가 갖지 못하는 지혜가 있고 또한 방대한 지식을 꿰뚫어 보는 통찰력을 갖고 있습니다. 없는 것을 상상하고 문제 해결을 위해 창의성을 발휘하는 것도 인간이 잘하는, 인간적 능력입니다. 기계가 학습을 통해 창의적인 문제 해결법을 제안할 수는 있겠지만, 미래를 꿈꾸고 기발한 것을 상상할 수는 없습니다. 지성적 측면에서는 기계가 앞서겠지만, 감성 영역은 언제까지고 인간의 영역으로 남을 것입니다. 어려운 학습과 힘든 노동에서 오히려 즐거움을 맛보고, 불의를 보면 분노하고, 아름다움을 보면 심취하는 감성은 인간의 고유한 속성입니다. 아프고 병들고 고통 받는 이웃들을 위해 봉사하고 헌신하는 것, 위험에 처한 타인을 위해 자신의 목숨까지도 기꺼이 던질 수 있는 희생정신, 함께 사는 세상을 만들고자 하는 연대의식, 아름답고 인간적인 것에 대한 공감 등도 우주에서 유일한 사회적 동물인 인간의 전유물입니다.

질문하는 사람, 질문하는 문화

평소 대중 강연을 종종 합니다. 학생 대상으로도 하고, 일반인이나 교사 대상으로도 합니다. 강연을 할 때마다 느끼는 점은 한국 사람들이 너무 질문이 없다는 것입니다. 물론 강연 내용을 완벽하게 이해해서 질문하지 않는 것은 아닐 것입니다. 제가 프랑스에서 유학을 하던 시절에도 한국 학생들은 유난히 질문을 안 하고 말이 없었습니다. 그게 한국인들의 조용한 기질 탓만은 아닐 것입니다. 호기심 많고 수다스러운 프랑스인이나 이탈리아 사람과 비교하면 차이가 큽니다. 왜 그럴까요. 동방예의지국의 민족답게 가볍게 말하지 않고 점잖게 행동하는 민족성도 이유 중 하나겠지만, 민족성은 원래 생물학적인 게 아니라 사회적인 것입니다. DNA의 차이 때문에 특정 민족은 호기심 많은 사람으로 태어나 저절로 질문 많은 사람으로 성장하지는 않습니다. 개개인도 어떤 나라에서 자라나 어떤 교육을 받고 어떤 사회에서 사느냐에 따라 질문 많은 사람으로 성장할 수도 있고, 그렇지 않을 수도 있습니다. 개인별로 분명 차이는 있겠지만 어떤 나라 사람은 질문이 많고, 어떤 나라 사람들은 질문이 적습니다. 그것은 사회적 환경의 차이고 결국 문화의 차이입니다. 질문을 많이 하는 사회는 문화적으로도 뭔가 다릅니다. 어릴 때부터 자유롭게 질문하는 교육 환경, 눈치 보지 않고 당당하게 의사를 표현할 수 있는 자유로운 사회 환경이라야 사람들은 질문도 많이 하고 자유롭게 토론하는 데 익숙해집니다.

'질문'이라는 단어를 사전에서 찾아보면 '알고자 하는 바를 얻기 위해 묻는 것'이라 정의돼 있습니다. 질문을 하려면 궁금한 것이 있어야 하고 알려는 욕구도 있어야 합니다. 20만 년 전에 지구상에 나타난 현생인류 호모사피엔스는 아주 오랜 기간 침묵하며 어둠 속에서 살아왔습니다. 실제 기록하며 지식과 지혜를 축적해온 것은 약 5000년 정도에 불과합니다. 호모사피엔스가 우주 만물의 영장이 될 수 있었던 것은 생각하고 상상하는 능력 때문입니다. 사물의 이치와 자연현상의 원리를 알아내면서 과학을 만들었고 과학을 바탕으로 기술과 공학을 발전시켜왔습니다. 인간의 역사는 과학기술의 역사라고 해도 과언이 아닙니다. 그 과학의 출발점은 호기심을 바탕으로 한 질문이었습니다. 물질세계가 무엇으로 구성되고, 생명체는 어떻게 살아 움직이는지, 지구 바깥에는 뭐가 있는지 궁금해하고 질문하는 존재는 우주 생명체 중 인간밖에 없습니다. 사람은 왜 새처럼 날 수 없을까라는 질문을 던졌기에 결국 과학 연구를 통해 비행기를 만들어냈고, 왜 물고기처럼 바다 밑을 다닐 수 없을까라는 질문은 잠수함을 만드는 출발점이 됐습니다. 호기심과 질문이 없었다면 인류는 찬란한 물질문명과 정신문화를 이룰 수 없었을 것입니다.

우리는 질문만 봐도 그 사람이 어떤 사람인지를 알 수 있습니다. 남이 생각지도 못하는 날카로운 질문을 하는 사람은 창의적이고 탐구심이 강한 사람입니다. 엉뚱한 질문을 하는 사람은 상상력이 풍부한 사람입니다. 호기심과 상상이 어우러지면 기발하고 창의적인 질문이 만들어집니다. 좋은 질문은 지식의 밑거름이 됩니다. 그러고 보면 훌륭한 인재란 좋은 질문을 하는 사람이라 할 수 있습니다. 문제의식은 좋은 질문에서 나오므로 질문이 없다면 문제의식조차 가질 수 없습니다.

좋은 리더도 마찬가지입니다. 리더는 모름지기 질문을 잘 해야 합니다. 자기 생각을 지시하고 강요하는 리더는 바람직한 리더가 아닙니다. 리더는 질문을 통해 사람들이 생각하게 하고, 함께 답을 찾는 조직 문화를 만들어야 합니다. 이게 바로 '질문 리더십'입니다. 국회의 국정감사에서 증인을 불러다 면박을 주고 인사청문회에서 후보자에게 호통만 치는 국회의원은 좋은 의원이 아닙니다. 질문을 통해 생각하는 문제를 제기하고 대안을 제시하는 의원이 좋은 의원입니다.

퓰리처상을 수상한 미국의 생태시인 메리 올리버(Mary Oliver)는 "이 우주에서 우리에게는 두 가지 선물이 주어지는데 그것은 사랑하는 힘과 질문하는 능력"이라고 말했습니다.[•] 질문하는 능력은

●   메리 올리버, 『휘파람 부는 사람』, 민승남 옮김(마음산책, 2015), 11쪽.

인공지능기계가 가질 수 없습니다. 인간은 질문하는 존재입니다. 질문하는 사람, 질문하는 사회가 창의적입니다. 답은 제한적이지만 질문은 무한합니다. 질문하는 습관과 문화를 만들어야 합니다. 질문하지 않고서는 결코 발전할 수 없습니다. 질문하는 사람이 미래를 이끌어가는 인재가 될 것이고 미래문화는 질문하는 문화가 돼야 합니다. 미래를 어떻게 준비할 것인가. 미래에 대한 준비도 미래에 대한 무수한 질문에서 시작됩니다.

미래를 보는 눈

미래 위기에 대비하자

미래 예측은 어쩌면 지진이나 홍수, 쓰나미 같은 자연재해 예측에 가장 필요할지 모릅니다. 내일 몇 시쯤 어느 정도 규모의 지진이 발생할지, 모레 어느 쪽 바다에서 어느 정도 규모의 쓰나미가 밀려올지를 정확히 예측할 수 있다면 충분히 대비해서 재해를 예방할 수 있을 것입니다. 하지만 아직은 기술적으로 그 정도까지 예측할 수 있는 수준이 아닙니다. 과학기술이 고도로 발전해 우주탐사도 하고, 사람처럼 말하고 생각하는 인공지능도 개발했지만 자연재해 앞에서 인간은 여전히 무기력합니다.

2016년 9월 12일, 경주 지역을 강타한 리히터 규모 5.1과 5.8의 연이은 지진은 우리 사회에 큰 충격을 주었습니다. 기상청이 지진 관측을 시작한 1978년 이래 최대 규모의 강진이었습니다. 매년 추석 무렵의 단골 이슈는 선거나 정치현안 같은 사회적 이슈였습니다. 하지만 경주 지진은 대선, 사드, 북핵 등 메가톤급 이슈를 밀어내고 최대 이슈로 부상했습니다. 추석 밥상머리에 모인 친척, 친지들은 모두 지진에 대한 놀라움과 공포, 그리고 앞으로 닥칠지 모를 지진에 대한 불안감을 토로했습니다. 그로부터 일주일 후 규모 4.5의 여진이 또 발생했습니다. 본진에 비하면 규모는 약했지만 시민들은 다시 한번 공포에 휩싸였습니다. 기상청은 본진 이후 9월 20일 10시까지 401회의 여진이 발생했다고 발표했습니다. 이는 2009년부터 2015년까지 7년 동안 한반도에서 발생한 지진 횟수 396회를 훌쩍 넘어섰습니다. 이제껏 한반도는 지진의 안전지대라고만 생각해온 국민들은 그야말로 멘붕 상태에 빠졌습니다.

누구도 한국이 지진의 안전지대라고 말할 수 없게 되었습니다. 수시로 발생하는 일본의 크고 작은 지진을 보면서 더 이상 강 건너 불구경만 할 수도 없습니다. 지진과 같은 자연재해에 대해 우리가 얼마나 준비되어 있는지를 돌아보면 금방 심란해집니다. 지진 발생 후 국민들이 공포에 떨고 있는데도 국민안전처는 긴급재난문자를 늦게 발송했는데, 2G, 3G 휴대전화로는 그마저도 수신할 수 없었습니다. 9월 12일 지진 발생 당시 국민들이 긴급재난문자를 받기까지 본진은 8분, 여진은 15분이나 걸렸습니다. 지진, 쓰나미가 자주 발생하는 일본의 경우는 4.0 규모 이상 지진이 발생하면 10초 이내에 조기경보시스템이 가동되고 신속 대응 체제에 돌입합니다. 휴대전화에서 경보가 울리는 데는 5초가 채 걸리지 않는다고 합니다. 이럴 때는 재난 조기 대응 강국인 일본이 부럽기까지 합니다. 기상청은 지진관측소 확충을 예정보다 앞당기고 조기경보시스템을 개선하겠다고 밝혔습니다. 긴급재난문자 발송 체계도 대폭 개선해 국민의 휴대전화에 2분 이내 문자를 발송하는 시스템을

미래를 보는 눈

구축하겠다고 발표하기도 했습니다.

사실 한국은 과학기술 연구개발에 투자를 많이 하는 나라입니다. 2014년 기준 GDP 대비 한국의 연구개발 투자 비중은 4.29%로 세계 1위입니다. 2위인 이스라엘은 4.11%이고, 일본이 3.58%, 미국이 2.74%, 중국이 2.05%입니다. 이렇게 막대한 예산을 과학기술 연구개발에 투자하고 있음에도 왜 우리는 재난 대응 체제의 과학화를 이루지 못하고 있는 걸까요. 연구개발 투자에서 재난 분야는 우선순위가 아니었고, 재난이나 위기관리에 대한 정책적 관심이나 제도적 정비도 미흡했기 때문입니다. 현재 인류의 과학기술 수준으로는 지진의 단기 예측은 불가능하다고 합니다. 지진 피해를 최소화할 수 있는 방법은 조기 대응 체제를 갖추고 신속하게 대응하는 방법밖에는 없습니다. 늦었지만 자연재해에 대한 조기 대응 체제를 갖추고 최악의 위험을 준비하는 노력을 기울여야 합니다.

한국에서 지진 관련 법안이 처음 만들어진 것은 1995년이었습니다. 2008년에는 지진재해대책법이 제정돼 학교 건물 등의 내진 설계를 보강하도록 규정하는 등 구체화되기도 했습니다. 지진 대책을 수립한 지 어언 20년이 되었지만 아직도 조기 대응 체제는커녕 실습 훈련이나 매뉴얼마저 미흡한 수준입니다. 1995년 일본 고베에서 규모 7.2의 지진이 발생했던 당시 6500여 명의 사망자가 발생했습니다. 그로부터 20년 후, 2016년 4월 일본 구마모토현에서 규모 6.5와 7.3의 강진이 발생했을 때 사망자는 40여 명으로 줄었습니다. 착실하게 지진 조기 대응 체제를 갖추고 미래의 재해를 대비해왔기 때문입니다. 미래 예측과 대비의 목적은 한편으로는 위기관리에 있습니다. 최악의 위기를 맞더라도 위험을 최소화할 수 있는 방법은 미리 대비하는 것밖에 없습니다. 이것이 경주 지진이 우리에게 가르쳐준 교훈입니다.

미래를 생각할 때

인간은 다른 동물과 구별되는 몇 가지 특성을 갖고 있습니다. 이성적인 생각을 하고, 도구를 사용하고, 사회를 이루고 삽니다. 무형의 가치를 만들고 언어와 상징체계를 사용하기도 합니다. 현재에는 존재하지 않지만 가상의 것을 생각하고 새로운 것을 창조하는 것도 인간의 고유 능력 중 하나입니다. 존재하지 않는 것을 상상하는 인간은 오지 않은 시간, 즉 미래에 대해서도 관심을 갖고 생각할 수 있는 유일한 생명체입니다. 다른 동물은 미래를 생각하거나 미래에 대한 계획을 갖고 살지는 않습니다.

『개미(Les Fourmis)』, 『타나토노트(Les Thanatonautes)』, 『제3인류(Troisième Humanité)』, 『뇌(L'ultime secret)』 등의 소설로 유명한 프랑스 작가 베르나르 베르베르(Bernard Werber)는 『상상력 사전』이라는 책에서 이런 이야기를 했습니다.

인간이 다른 동물과 다른 점은 무엇일까? … 그냥 간단하게 미래에 대한 의식이라고 말해도 무방할 것이다. 동물들은 현재와 과거 속에서 산다. 동물들은 눈앞에 닥친 일들을 이미 경험했던 일과 비교한다. 그와 반대로 인간은 앞으로 일어날 일을 예측하려고 한다.[*]

인간이 앞날을 예측하기 시작한 것은 신석기시대 농경을 시작하면서부터일 것입니다. 오랜 옛날 인류의 조상은 다른 동물과 별 차이가 없었습니다. 매일 먹을 것을 구하고 하루하루 연명해야 했던 미미한 존재였습니다. 『사피엔스』의 저자 유발 하라리는 호모 사피엔스에 대해 이렇게 썼습니다.

> 7만 년 전 호모사피엔스는 아프리카의 한 구석에서 자기 앞가림에만 신경을 쓰는 별 중요치 않은 동물이었다. 이후 몇 만 년에 걸쳐, 이 종은 지구 전체의 주인이자 생태계 파괴자가 되었다.[**]

농사짓는 법을 발견하면서 인간의 운명은 근본적으로 바뀌었습니다. 정착 생활이 시작되고 비농경인이 모여 사는 도시를 만드는 등 인류 사회의 획기적인 발전들이 이뤄졌습니다. 중요한 것은 인간이 우연과 요행에 의존하는 수렵과 채집을 버리고, 미래의 수확을 예상하며 씨를 뿌리기 시작했다는 것입니다. 미래에 대한 의

---

[*] 베르나르 베르베르, 『베르나르 베르베르의 상상력 사전』, 이세욱·임호경 옮김 (열린책들, 2011), 353쪽.

[**] 유발 하라리, 『사피엔스』, 조현욱 옮김(김영사, 2015), 587쪽.

식이 생겨난 것입니다. 그러면서 언어 발전도 두드러졌습니다. '만약에 ~라면'이라는 가정법을 사용하는 인간의 언어는 허구나 미래에 대해 상상하는 인간 의식의 발현입니다. 미래 인식과 예측에 과학성을 부여해준 것은 과학기술이었습니다. 농경사회에서 산업사회로 이행하는 근대는 과학기술에 대한 믿음에서 시작됐습니다. 중세에는 신에 대한 믿음이 지배했고 신의 섭리에 의해 미래가 결정된다고 믿었습니다. 그런데 과학기술은 인간의 바람과 상상을 현실로 만들어주면서 진정한 의미에서 만물의 영장이 될 수 있게 해주었습니다. 주술적인 예언과 종교적인 믿음은 점차 과학적인 데이터와 객관적인 예측으로 대체됐습니다. 인간 자신이 자기 운명의 주인이고 스스로 미래를 변화시킬 수 있는 존재라는 믿음이 싹텄습니다. 미래를 준비하고 계획하는 것은 이제 신의 영역이 아니라 인간의 영역이 된 것입니다. 중세의 미래 예측과 현대의 미래 예측의 차이는 바로 여기에 있습니다. 전자가 노스트라다무스식의 선지자적 예언이라면 후자는 데이터와 추세 분석, 미래 시나리오나 시뮬레이션 등을 통해 이루어집니다. 오늘날의 미래 예측은 주술이나 종교가 아니라 과학에 가깝습니다.

우리는 양파 껍질처럼 계속 나오는 비선실세의 국정농단 의혹을 참담한 심경으로 지켜봤습니다. 최순실 게이트는 국가적으로 불행한 사건입니다. 하지만 국정농단 게이트의 블랙홀이 VR 콘텐츠 같은 미래 산업이나 스타트업 지원까지도 삼켜버려서는 안됩니다. 사회가 혼란스러울 때 사람들은 미래가 안 보인다고 말합니다.

하지만 그럴 때일수록 미래에 대해 더 많이 생각하고 고민해야 합니다. 과거, 현재가 암울하다고 개탄만 해서는 아무것도 바뀌지 않습니다. 어두웠던 과거, 부조리한 현재를 규탄하고 바로잡으려는 것은 결국 더 나은 미래를 위해서입니다. 아무리 노력해도 과거와 현재는 바뀌지 않습니다. 우리가 바꿀 수 있고 바꿔야 하는 것은 미래뿐입니다. 과거와 현재를 이야기하면서도 우리의 눈은 미래를 바라보고 있어야 합니다. 근대사회 태동 후 사회를 변화시켜온 핵심 동인은 과학기술이었습니다. 미래 사회의 변화 역시 주술이나 종교가 아니라 과학기술을 통해 이루어질 수밖에 없습니다. 기계의 발명은 인류의 삶을 변화시켜왔고, 이제 우리는 인간처럼 생각하는 인공지능을 만드는 첨단 기술 시대를 살고 있습니다. 모두가 국정 난맥상에만 매달릴 때에도 누군가는 미래를 준비해야 합니다. 적어도 과학자나 전문가 집단은 묵묵히 인공지능이나 4차 산업혁명의 미래에 대해 고민하고 치열하게 연구해야 합니다. 국정의 미래는 중요합니다. 정치를 바로 세워야 합니다. 하지만 과학기술의 미래는 그 이상으로 중요하다는 것도 함께 깨달아야 합니다.

미래를 보는 눈

4차 산업혁명과 레드퀸 효과

4차 산업혁명론이 시대적 화두로 떠올랐습니다. 불과 2015년만 하더라도 우리 사회에서는 3차 산업혁명을 이야기했습니다. 미국의 석학 제러미 리프킨이 『3차 산업혁명(Third industrial revolution)』이란 책을 통해 새로운 사회의 도래를 예견한 것은 2012년이었습니다. '노동의 종말', '소유의 종말' 등 새로운 담론을 제기하며 변화의 트렌드를 짚어왔던 그는 재생 가능 에너지, 수평·공유 네트워크와 협업·공감의 시대로 나아가야 한다고 역설했습니다. 당시 3차 산업혁명은 단번에 사회적 담론이 됐습니다. 리프킨은 2015년 광복 70주년을 맞아 한국에서 열린 세계과학정상회의 부대 행사로 열린 세계과학기술포럼의 기조 강연에서도 비슷한 이야기를 했습니다. 그는 1차 산업혁명은 석탄 에너지, 증기기관차의 결합으로 이뤄졌고, 2차 산업혁명은 미국의 전력망과 독일의 자동차산업으로 이뤄졌으며, 이제 인터넷, 신재생에너지, 위성위치확인시스템(GPS)에 기반을 둔 무인 운송, 3D 프린터와 스마트폰 등이 이끄는 3차 산업혁명을 맞고 있다고 역설했습니다.

그런데 우리 사회에서 3차 산업혁명 논의가 채 본격화되기도 전에 다시 4차 산업혁명론을 맞았습니다. 3차 산업혁명은 사라져 버렸고 이제 누구도 이야기하지 않습니다. 이렇게 변화는 빛의 속도로 일어나고 있습니다. 4차 산업혁명 논의가 본격화된 것은 2016년 1월에 열린 세계경제포럼(World Economic Forum: WEF)부터였습니다. 일명 '다보스 포럼'으로 불리는 이 포럼은 매년 세계경제를 이끌어가는 리더들이 모여 글로벌 이슈와 전망을 논의하는 모임입니다. 2016년의 주제는 '4차 산업혁명의 이해'였습니다. 다보스포럼이 4차 산업혁명론을 제기한 것은 인류사회가 변곡점에 도달했고, 이제까지와는 전혀 다른 새로운 세계로 들어서고 있음을 선언한 것으로 받아들여졌습니다. 사물인터넷과 빅데이터가 가져온 초연결성과 인공지능으로 대표되는 초지능성은 물리 세계와 사이버 세계의 통합으로 사이버물리시스템(Cyber hysical System)이라는 새로운 세상으로 우리를 인도하고 있습니다. 온라인과 오프라인이 연계·통합돼 O2O(Online to Offline) 서비스가 가능해지고, 온라인을 이용해 오프라인으로 서비스 받는 온디맨드(On Demend)형 공유경제도 현실이 되고 있습니다. 미디어전략가 톰 굿윈(Tom Goodwin)은 2015년 3월 정보기술 온라인 매체 ≪테크크런치(TechCrunch)≫에 이렇게 썼습니다.

세계에서 가장 큰 택시 업체 우버는 소유하고 있는 차가 없고, 세계에서 가장 많이 활용되는 미디어인 페이스북은 콘텐츠를 자체

생산하지 않는다. 세계에서 가장 가치 있는 소매 업체 알리바바는 목록 물품이 없고, 세계에서 가장 큰 숙박 업체 에어비앤비는 소유한 부동산이 없다.•

4차 산업혁명이 가져올 세상은 새로운 세상입니다. 기존 패러다임과 전략으로는 앞으로의 글로벌 경쟁에서 이길 수 없습니다. 광속의 변화와 4차 산업혁명에 대해 우리 사회가 얼마나 준비돼 있는가를 돌아보면 마음이 무겁습니다. 정부는 대한민국의 강점인 정보통신기술을 통해 창조한국을 실현한다는 계획으로 K-ICT전략을 발표했고 소프트웨어, 클라우드, 5세대 이동통신(5G), UHD (Ultra-HD), 디지털콘텐츠, 사물인터넷, 정보보안, 스마트 디바이스, 빅데이터 등 9대 전략산업을 선정했습니다.•• 여기에 지능정보산업을 추가해 핵심 기술들을 육성하고 있습니다. 하지만 세계경제포럼의 발표에 의하면 2015년 한국의 정보통신기술 경쟁력은 12위로 2014년보다 두 계단이나 떨어졌습니다. 스위스 UBS은행이 발표한 보고서를 봐도 상황은 녹록지 않습니다. 4차 산업혁명에 대한 준비 수준에서 한국은 세계 25위에 불과합니다. 스위스가 1위, 미국은 4위, 일본은 12위로 우리를 앞서고 있으며, 한국은 1인당 국

• Tom Goodwin, "In the age of disintermediation the battle is is all for rhe consumer interface", *Techcrunch*, March 2015.

•• "미래부 'K-ICT 전략'시동", ≪이투데이≫, 2015년 4월 2일.

민소득이 절반에도 못 미치는 말레이시아보다 낮은 것으로 조사됐습니다.••• 3차 산업혁명과 4차 산업혁명은 둘 다 기본적으로는 디지털화와 정보통신기술에 기반을 두고 있습니다. 정보통신기술 경쟁력을 확보하지 못하면 4차 산업혁명의 경쟁에서 뒤처질 수밖에 없습니다.

'레드퀸 효과(Red Queen Effect)'라는 것이 있습니다. 루이스 캐럴의 소설 『거울 나라의 앨리스(Through the Looking-Glass and What Alice Found There)』에 등장하는 여왕 '레드퀸'에서 따온 말입니다. 뒤로 움직이는 체스판 모양의 마을에서 앨리스는 레드퀸의 손을 잡고 빨리 달리지만 제자리에서 벗어나지 못합니다. 레드퀸은 "여기에서 제자리에 머물기 위해서는 힘을 다해 뛰어야 한다. 앞으로 가고 싶으면 지금보다 두 배는 더 빨리 달려야한다"고 말합니다. '레드퀸 효과'는 이렇게 제자리에 머물려고만 해도 상당한 노력이 필요한 현실을 빗댄 말입니다. 4차 산업혁명을 맞은 한국이 이런 상황이 아닐

▮ 『거울 나라의 앨리스』에 등장하는 레드퀸

••• "현대경제연구원, 4차 산업혁명, 세계 25위 불과", ≪디지털타임스≫, 2016년 8월 16일.

미래를 보는 눈

까요. 독일, 미국, 일본은 4차 산업혁명을 선도하며 빠르게 질주하고 있습니다. 그들에게 뒤처지지 않으려면 그들보다 두 배는 더 기민하게 움직여야 합니다. 그렇지 않으면 우리는 결코 레드퀸 효과의 덫에서 벗어날 수 없을 것입니다. 또한 대응 속도도 중요하지만 무작정 빠르게 움직이기만 해서는 안 됩니다. 방향을 잘 잡는 것은 훨씬 더 중요합니다. 정확한 대응 방향을 잡고 올바른 전략을 세운 뒤 대응해야 할 것입니다.

인공지능시대의 과학문화

바퀴 발명으로 시작된 교통수단의 발전, 항해술에 힘입은 지리상의 대발견, 인간 게놈 염기서열 해석을 통한 생명과학의 도약 등 인류사회의 획기적인 변화는 보통 발명과 발견으로 시작됩니다. 인류사는 부단히 과학 원리를 발견하고 그 원리를 바탕으로 기술을 발명해온 역사라 해도 과언이 아닙니다. 현생인류는 과학을 발전시켜온 지혜로운 '호모사피엔스'이지만 기술을 만들어온 도구의 인간 '호모파베르'이기도 합니다. 지금까지 인간이 발명한 것 중 가장 강력한 것은 아마 인공지능일 것입니다. 사람의 말을 알아듣고 사람처럼 생각하며 사람의 일을 대신할지도 모르는 인공지능은 단연 첨단 과학기술의 총화라 할 수 있습니다. 인공지능을 인간의 마지막 발명품이라고 말하는 것은 이 때문입니다. 인공지능은 사물인터넷, 빅데이터 등과 함께 4차 산업혁명을 주도할 핵심기술로 손꼽히고 있습니다. 전문가들의 예견처럼 4차 산업혁명은 규모나 범위, 속도 등 모든 면에서 전대미문의 변화를 가져올 것입니다.

문명 발전을 추동해온 과학기술은 궁극적으로 인간을 위한 것입니다. 과학기술은 인간사회와 별개로 존재할 수 없고 독립적으로 발전할 수도 없으며 그 자체로 의미가 있는 게 아닙니다. 인간이 만들었지만 인간 자신이 과학기술을 수용하고 애정을 가질 때 비로소 진가를 발휘할 수 있습니다. 과학문화의 중요성은 바로 여기에 있습니다. 문화는 사람들이 생각하고 살아가는 방식과 가치 등을 총칭합니다. 과학문화는 과학기술에 대한 대중의 인식과 태도, 과학기술을 사회적으로 수용하고 이용하는 문화를 말합니다. 과학문화의 역사를 살펴보면 보통 다음과 같은 단계를 거치며 발전합니다. 초창기에는 과학기술이 주로 과학기술자의 몫이고 대중 계몽의 방식으로 과학기술지식이 보급됐습니다. 과학은 어렵기 때문입니다. 과학기술이 어느 정도 발전되고 확산되면 과학기술의 사회적 역할에 대한 관심이 커집니다. 이때부터는 과학과 사회, 과학자와 대중 간의 소통이 중요해집니다. 과학기술이 고도로 발전한 단계에 이르면 과학은 일상적 삶의 문화로 자리 잡고 대중은 과학을 즐기고 향유하게 됩니다.

인공지능기술 발전과 함께 우리는 4차 산업혁명을 맞고 있습니다. 인공지능시대의 과학문화는 어떠해야 할까요. 지금까지는 과학기술에 대한 관점이 대부분 과학기술을 중심에 두고 있었습니다. 과학기술이 얼마나 중요하고 경제사회 발전에서 어떤 역할을 하는가 등에 초점을 맞추었던 것입니다. 과학기술 최첨단 시대를 맞아 이제는 과학기술을 인간의 관점으로 환원해서 바라봐야 할 것입니다. 인간에게 과학기술은 어떤 가치와 효용을 주고 인간은 과학기술을 어떻게 활용하고 향유하는가 하는 관점입니다. 인공지능은 우리 삶 속으로 쑥 들어올 것이고, 인간은 미우나 고우나 인공지능과 함께 살아야 합니다. 피할 수 없다면 즐겨야 합니다. 인공지능의 폐해나 위험도 있겠지만 극복하면 오히려 기회가 될 수 있습니다. 인공지능뿐만 아니라 과학기술의 모든 산물은 인간의 필요에 의해 인간이 만든 것이라는 사실을 잊어서는 안 됩니다. 따라서 과학정책에는 과학문화가 포함돼야 하고 4차 산업혁명 계획에는 인간적 관점이 포함돼야만 합니다. 인간이 빠진 기술만능론은 공허하며 문화가 없는 4차 산업혁명은 맹목적일 뿐입니다. 과학기술의 지향점은 결국 인간 행복이어야 합니다.

미래 준비의 첫걸음, 시간 관리부터

미래를 예측해 더 나은 미래를 맞고 싶어 하는 사람은 많지만 그것은 결코 쉬운 일이 아닙니다. 막상 어떻게 미래를 준비할까를 생각하면 막막하기만 합니다. 미래 준비, 어디서부터 시작하는 게 좋을까요.

우선은 시간에 대한 올바른 인식과 시간 관리의 습관을 길러야 합니다. 과거, 현재, 미래는 모두 시간의 흐름 속에서 이뤄지므로 시간에 대한 올바른 관점과 태도를 갖는 것이 필요합니다. 사람은 누구나 하루 24시간을 사용합니다. 누구에게는 25시간, 누구에게는 23시간이 주어지는 게 아니죠. 과학적으로 설명하자면, 지구는 태양계의 행성이므로 지축을 중심으로 하루 한 바퀴를 도는데, 한 번 자전하는데 걸리는 시간이 1태양일, 24시간입니다. 과학은 모두에게 공평합니다. 우주현상으로 주어진 이 시간을 어떻게 활용하느냐에 따라 같은 길이의 시간이라도 효용성은 달라지는 법입니다. 미래에는 시간이 돈이나 능력만큼이나 소중한 자산이 될 것입니다. 아무리 자산이 많고 능력이 뛰어나도 시간이 부족하면 뜻한 바를 이룰 수 없기 때문입니다. 어떤 이는 시간의 중요함을 강조하며 시간 자산을 뜻하는 시산(時産)이라는 표현을 쓰기도 합니다. 오지 않은 시간, 즉 미래는 우리가 활용해야 할 잠재적인 자산입니다. 시간을 잘 활용하려면 시간의 속성을 잘 알고 시간을 관리하는 습관을 가져야 합니다. 우주의 시간은 무한하지만 각자의 시간은 유한합니다. 중요하지 않은 일에 시간을 많이 쓰면 정작 중요한 일을 하는 데 필요한 시간이 부족해집니다. 똑같은 시간을 어떻게 사용하는가가 중요합니다. 즉, 일의 경중을 따져 시간을 잘 분배해야 합니다. 시간은 강물과 같이 계속 흘러가고 있으며, 흐르는 속도도 일정합니다. 하지만 활용 방식에 따라 시간이 흐르는 속도는 주관적으로 다르게 느껴질 수 있습니다.

시간을 어떻게 활용하고 관리하느냐에 따라 사람들을 시간관념이 없는 '시간 파괴형', 욕심이 없어 늘 시간이 남아도는 '시간 소비형', 효율적 시간 관리를 위해 노력하는 '시간 절약형', 많은 일을 제대로 하면서도 여유를 가지는 '시간 창조형' 이렇게 네 가지 유형으로 구분할 수 있습니다.* 가장 이상적인 시간 관리자는 네 번째 유형일 것입니다. 이들은 시간의 속성을 잘 알고 시간을 관리할 줄 알며, 하고 싶은 일을 제대로 하면서 사는 사람들입니다. 많은 사람들이 시간 창조형 인간이 되기를 원하겠지만 아무런 노력을 하지 않고 시간 창조형 인간이 될 수는 없습니다.

* 이내화, 『다 이룬 것처럼 살아라』(좋은책 만들기, 2010), 78쪽.

　　　　　　　　　　　　　　　　　　　미래를 보는 눈

시간 창조형 인간이 되려면 몇 가지 노하우와 습관이 필요합니다. 첫째, 일의 경중을 분석한 후 적절하게 시간을 안배해야 합니다. 얼마나 시급한 일인지 그리고 얼마나 중요한 일인지라는 두 가지 관점을 중심으로 우선순위를 따지는 것이 좋습니다. 둘째, 시간 계획을 짜야 합니다. 일 단위, 주 단위, 월 단위로 대략적인 시간표를 작성하고 계획적으로 시간을 활용해야 합니다. 한정된 시간을 최대한 활용하자면 아무래도 시간 계획이 필요합니다. 그래야 장기적인 시간 계획의 관점을 가질 수 있고 자투리 시간도 최대한 활용할 수 있을 것입니다. 셋째, 기록을 해야 합니다. 기록은 데이터고 역사적인 사료입니다. 중요한 것을 기록하거나 일지를 작성해두면 시간 관리에도 도움이 됩니다. 어떤 일을 하는 데 걸릴 것 같은 주관적 시간과 실제 그 일을 하는 데 드는 객관적 시간은 차이가 날 수밖에 없습니다. 업무를 직접 기록하다 보면 그 일에 드는 시간을 측정할 수 있습니다. 일상 속에서의 측정과 경험을 통해 과학적으로 시간 개념을 습득할 수 있는 것입니다. 다른 유사한 일에 직면했을 경우 기존 기록을 참고하면 업무 소요 시간을 사전에 예측할 수도 있습니다. 피터 드러커는 '측정할 수 없는 것은 관리할 수 없다'고 말했습니다. 시간 관리를 하려면 시간 측정이 필요합니다. 무엇을 하든 시간이라는 자원을 사용해야 하기 때문입니다.

우리에게 주어진 지금의 시간은 황금에 비견될 만큼 소중합니다. 시간은 잘 활용하면 금이지만 방치하면 돌이 될 수 있습니다. 시간을 잘 관리해야 성취의 기쁨도 얻고 성공 가능성도 높일 수 있습니다. 시간을 정복하는 자가 미래를 정복할 수 있습니다. 미래 준비는 시간의 소중함을 깨닫고 시간 관리의 습관을 체화하는 것으로부터 시작해보는 것이 바람직합니다.

에필로그

138억 년 우주의 역사나 46억 년 지구의 역사에 비하면 현생인류의 역사는 매우 짧습니다. 호모사피엔스가 출현한 것은 약 20만 년 전이지만 기록된 역사는 5000년 정도에 불과합니다. 인간은 우주의 역사에서 짧은 기간 만에 지혜로운 만물의 영장 자리를 차지했습니다. 인간은 자연의 법칙, 생명의 원리를 알아냈고 인간의 제한적인 오감을 넘어설 수 있는 갖가지 도구들을 발명했습니다. 험한 설산과 심해를 정복하고 달 탐사에 성공했으며 우주정거장도 만들고 이제는 말하고 생각하는 인공지능을 만들기 시작했습니다. 인간의 지혜는 무엇이든 알아낼 수 있고 인간의 기술은 필요한 것은 무엇이든 만들어낼 수 있는 수준까지 이르렀지만 여전히 미지의 영역으로 남아 있는 것이 미래 예측입니다. 오지 않은 시간을 내다보고 일어나지 않은 일을 예측하는 것은 무한도전의 영역입니다. 미래를 정확하게 예측한다는 것은 애당초 불가능한 일입니다. 하지만 미래는 정해진 숙명이 아니라 현재 어떤 선택을 하고 어떻게 행동하느냐에 따라 달라질 수 있습니다. 이것이 미래학 또는 미래 예측의 문제의식이고 전제라고 할 수 있습니다. 미래는 과거나 현재로부터 이어지는 시간입니다. 미래를 예측하는 것은 결국 현재의 행동을 선택함으로써 좀 더 나은 미래를 만들기 위한 것입니다. 그런 문제의식을 체화한다면 미래 예측의 절반은 달성한 것입니다. 항상 미래를 생각하고 미래지향적인 관점과 태도를 가지는 것이 중요합니다.

옛 선현들도 미래를 생각하는 것이 중요하다고 가르쳤습니다. 춘추시대, 춘추오패 중 한 명인 진나라의 문공(文公)은 초나라와 맞붙게 되었는데, 초나라는 군사 수도 많고 병력이 막강해서 도통 승리할 수 있는 방법을 찾을 수가 없었습니다. 여러 가지로 묘책을 궁리하던 중 호언(狐偃)에게 자문을 구했습니다. 호언은 전쟁에서 이기는 것이 중요하지 예절은 결코 중요하지 않다며 속임수를 쓸 것을 제안했습니다. 이에 문공은 다시 이옹(李雍)에게 생각을 물었는데, 이옹은 이렇게 말했습니다.

> 못의 물을 모두 퍼내고 물고기를 잡으면 못 잡을 리 없지만, 훗날 잡을 물고기가 없을 것이고, 산의 나무를 모두 태워 짐승을 잡으면 못 잡을 리 없지만 뒷날 잡을 짐승이 없을 것입니다(竭澤而漁 豈不獲得 而明年無魚 焚藪而田 豈不獲得 而明年無獸).

당장의 속임수로 위기를 모면할 수는 있지만 그것은 임시방편일 뿐이므로 먼 장래를 생각해야 한다는 조언입니다. 이 일화에서 비롯된 고사성어가 바로 『여씨춘추(呂氏春秋)』에 나오는 '갈택이어(竭澤而漁)'입니다. 연못의 물을 말려 물고기를 잡는다는 뜻의 갈택이어는 현실이 워낙 힘들다 보니 당장의 일을 해결하는 데 급급한 나머지 먼 장래를 내다볼 생각을 하지 못하는 요즘 사람들에게 꼭 들어맞는 말 같습니다.

2013년 말에 ≪교수신문≫은 올해의 사자성어로 '도행역시(倒行逆施)'를 선정했습니다. '순리를 거슬러 행동한다'는 뜻으로 잘못된 길을 고집하거나 시대착오적으로 나쁜 일을 꾀하는 것을 비유한 말입니다. 2014년 말의 사자성어는 '지록위마(指鹿爲馬)'였습니다. '사슴을 가리켜 말이라 일컫는다'는 뜻이고 고의적으로 옳고 그름을 바꾸는 것을 말합니다. 2015년 말에는 '혼용무도(昏庸無道)'를 선정했습니다. '세상이 어지럽고 도리가 제대로 행해지지 않는다'는 뜻입니다. 근시안적인 대처나 정책으로 인한 사회적 혼란을 꼬집는 말입니다. 2016년 말 ≪교수신문≫이 선정한 사자성어는 '군주민수(君舟民水)'였습니다. '백성은 물, 임금은 배이니 강물의 힘으로 배를 뜨게 하지만 강물이 화가 나면 배를 뒤집을 수도 있다'는 뜻입니다.• 이렇게 ≪교수신문≫이 최근 몇 년간 선정했던 사자성어들에 비추어볼 때 우리 사회는 전에 없이 혼란스러우며 미래는 불투명합니다.

2017년 3월 10일에는 헌법재판소가 헌정 사상 처음으로 탄핵

• "올해의 사자성어 君舟民水", ≪연합뉴스≫, 2016년 12월 24일.

소추된 현직 대통령에 대한 파면을 선고했습니다. 미래에 대한 불확실성은 점점 커지고 있고, 미래 예측의 필요성 또한 그 어느 때보다 커지고 있습니다. 2500여 년 전 인류의 스승인 공자도 미래에 대한 이야기를 했습니다. 위령 편에 보면 '인무원려 필유근우(人無遠慮, 必有近憂)'라는 글이 나옵니다. 사람이 먼 미래를 근심하지 않으면 가까운 장래에 반드시 근심이 생긴다는 뜻입니다. 1909년 이토 히로부미를 사살한 뒤 체포된 안중근 의사는 1910년 3월 뤼순감옥에서 사망했는데 그가 남긴 옥중유묵 중에도 '인무원려 난성대업(人無遠慮 難成大業)'이라는 문구가 나옵니다. 사람이 먼 미래를 생각하지 않으면 큰 일을 이루기 힘들다는 뜻으로, 미래를 내다보는 안목과 통찰력의 중요성을 강조한 말입니다.

미래라고 하면 당장은 멀게 느껴질 수 있지만 확실한 것은 '미래는 반드시 그리고 필연적으로 닥친다'는 사실입니다. 지금 아무리 좋은 직장에 다니더라도 언젠가는 은퇴할 때를 맞게 될 것이고, 지금 막강한 권력을 휘두르고 있는 권력자도 훗날 권력을 내려놓게 됩니다. 때로는 갑작스럽게 예기치 않은 위기가 찾아올 수도 있습니다. 영원한 것은 없습니다. 당장 호시절이라고 해도 우리는 늘 어려울 때를 준비하고 먼 미래를 생각해야 합니다. 1972년 로마클럽이 발표했던 「성장의 한계(The Limits to Growth)」라는 제목의 보고서에는 지구의 미래를 걱정하는 다음과 같은 대목이 나옵니다.

미래를 보는 눈

연못에 수련이 자라고 있다. 수련이 하루 갑절로 늘어나는데, 29일째 되는 날 연못의 반이 수련으로 덮였다. 아직 반이 남았다고 태연해할 것인가? 연못이 완전히 수련으로 덮이는 날은 바로 다음날이다.

시간은 상대적인 개념입니다. 개인에게 10년이란 기간은 긴 시간일 수 있지만, 역사라는 관점에서 보면 짧은 순간에 불과합니다. 미래는 반드시 옵니다. 미리미리 준비하지 않으면 훗날 밝은 미래를 맞을 수 없습니다. 씨를 뿌리지 않고 수확을 기대할 수는 없는 법입니다. 『끌리는 사람은 1%가 다르다』라는 책에 보면 다음과 같은, 원만한 인간관계를 위한 '씨앗의 법칙 7가지'가 나옵니다.** 첫째, 먼저 뿌리고 나중에 거둔다. 둘째, 뿌리기 전에 밭을 갈아야 한다. 셋째, 시간이 지나야 거둘 수 있다. 넷째, 뿌린 씨 전부 열매가 될 수는 없다. 다섯째, 뿌린 것보다는 더 많이 거둔다. 여섯째, 콩 심은 데 콩 나고 팥 심은 데 팥 난다. 일곱째, 종자는 남겨두어야 한다 등입니다. 가만히 읽어보면 씨앗의 법칙 하나하나에도 미래법칙이 담겨있습니다.

씨앗을 뿌리고 수확을 기대하는 마음으로 미래를 준비해야 합니다. 미래가 보이지 않고 어려울 때일수록 일부러라도 여유를 갖고 생각을 많이 해야 합니다. 깊이 생각하면 평소에는 보이지 않았

** 이민규, 『끌리는 사람은 1%가 다르다』(더난출판사, 2009), 247쪽.

던 길이 보일 수 있습니다. 그때그때 닥쳐 대응하는 임기응변으로는 미래를 헤쳐 나갈 수 없습니다. 임시방편을 찾으려고 하지 말고 먼 미래를 내다봐야 제대로 된 해결책을 찾을 수가 있습니다.

개인은 물론이고 조직이나 사회, 국가도 미래를 준비해야 합니다. 미래 예측이나 미래학은 모두에게 필요합니다. 발전된 국가, 안정적인 사회일수록 미래학이 발달해 있습니다. 미래학은 미래에 대한 예측이지만 한편으로는 미래에 대한 준비의 방법론이기도 합니다. 바람직한 미래 모습을 꿈꾸고 상상하며 이를 비전으로 제시해야 합니다. 21세기의 선진국은 미래 예측을 바탕으로 먼 미래를 내다보고 근본적인 정책을 마련하는 나라입니다.

미래를 보는 눈

참고문헌

구본권. 2015. 『로봇시대, 인간의 일』. 어크로스.

구사카 기민토(日下公人). 2002. 『미래를 읽는 사람, 못 읽는 사람』. 길영로·현경택 옮김. 새로운 제안.

글래드웰, 말콤(Malcolm Gladwell). 2009. 『아웃라이어』. 노정태 옮김. 김영사.

김광웅. 2008. 『국가의 미래』. 매일경제신문사.

김경훈. 2005. 『트렌드 워칭』. 한국트렌드연구소.

김경훈. 2012. 『비즈니스의 99%는 예측이다』. 리더스북.

김대식. 2016. 『김대식의 인간 vs 기계』. 동아시아.

김영세. 2005. 『트렌드를 창조하는 자, 이노베이터』. 랜덤하우스 중앙.

김해련 외. 2009. 『하이트렌드』. 21세기 북스.

김현곤. 2012. 『미래만들기』. 삼우반.

나이, 조지프(Joseph Nye). 2004. 『소프트 파워』. 홍수원 옮김. 세종연구원.

드러커, 피터(Peter Drucker). 2002. 『Next Society』. 이재규 옮김. 한국경제신문.

리프킨, 제러미(Jeremy Rifkin). 2001. 『소유의 종말』. 이희재 옮김. 민음사.

_____. 2005. 『유러피언 드림』. 이원기 옮김. 민음사.

박명준. 2012. 『독일 싱크탱크 산책』. 이매진.

박영숙. 2008. 『새로운 미래가 온다』. 경향미디어.

박영숙 외. 2011. 『유엔미래보고서 2025』. 교보문고.

베르베르, 베르나르(Bernard Werber). 2011. 『베르나르 베르베르의 상상력 사전』. 이세욱·임호경 옮김. 열린책들.

사이언티픽 아메리칸 편집부. 2016. 『시간의 미궁』. 김일선 옮김. 한림출판사.

송종국 외. 2009. 「과학기술기반의 국가발전 미래연구」. 과학기술정책연구원.

슈밥, 클라우스(Klaus Schwab). 2016. 『클라우스 슈밥의 제4차 산업혁명』. 송경진 옮김. 새로운 현재.

아탈리, 자크(Jacques Attali). 2000. 『21세기 사전』. 편혜원·정혜원 옮김. 중앙 M&B.

앤더슨, 크리스(Chris Anderson). 2013. 『메이커스』. 윤태경 옮김. 알에이치코리아.

옌센, 롤프(Rolf Jensen). 2000. 『드림 소사이어티』. 서정환 옮김. 한국능률협회.

오초아(George Ochoa) 외. 2005. 『NEXT TREND』. 안진환 옮김. 한국경제신문.

유성은. 2006. 『시간관리와 자아실현』. 중앙경제평론사.

윤주. 2017. 『스토리텔링에서 스토리두잉으로』. 살림.

이각범 외. 2011. 『2030년, 미래전략을 말한다』. 이학사.

이민규. 2009. 『끌리는 사람은 1%가 다르다』. 더난출판사.

이상무. 2009. 『THE RULE』. 신원문화사.

이영탁. 2010. 『미래와 세상』. 미래를 소유한 사람들.

이종호. 2016. 『로봇은 인간을 지배할 수 있을까』. 북카라반.

조훈현. 2015. 『고수의 생각법』. 인플루엔셜.

차두원·김서현. 2016. 『잡킬러』. 한스미디어.

최연구. 2006. 『문화콘텐츠란 무엇인가』. 살림.

_____. 2009. 『미래를 예측하는 힘』. 살림.

최윤식. 2014. 『미래학자의 통찰법』. 김영사.

카플란, 제리(Jerry Kaplan). 2016. 『인간은 필요없다』. 신동숙 옮김. 한스미디어.

코틀러, 필립(Philip Kotler) 외. 2017. 『필립 코틀러의 마켓 4.0』. 이진원 옮김. 더퀘스트.

크리스천(David Christian)·베인(Bob Bain). 2013. 『빅 히스토리』. 조지형 옮김. 해나무.

크리스천, 데이비드(David Christian). 2009. 『세계사의 새로운 대안, 거대사』. 김서형·김용
우 옮김. 서해문집.

토플러(Alvin Toffler)·토플러(Heidi Toffler). 2006. 『부의 미래』. 김중웅 옮김. 청림출판.

플로리다, 리차드(Richard Florida). 2002. 『창조적 변화를 주도하는 사람들』. 이길태 옮김.
전자신문사.

하라리, 유발(Yuval Harari). 2015. 『사피엔스』. 조현욱 옮김. 김영사.

하마다 가즈유키(浜田和幸). 2005. 『미래비즈니스를 읽는다』. 김창남 옮김. 비즈니스북스.

현대경영연구소. 2012. 『미래예측, 기술·산업·세계』. 승산서관.

미래를 보는 눈

찾아보기

ㄱ

가설 주장 55

강한 인공지능 88

공유경제 101, 108, 216

과학 외교 118~119

기술결정론 129

ㄴ

네 가지 시간 활용 유형 224

네 가지 신뢰성 판단 기준 55

ㄷ

델파이 기법 42, 81~82, 178

디지로그 171, 173

ㄹ

랜드연구소 81, 174, 176~179

레드퀸 효과 218~219

로봇 셰프 173

ㅁ

맨 온 더 문 프로젝트 189

메이커 99, 101~102, 197

메칼프의 법칙 110

모라벡의 역설 200

무어의 법칙 161

ㅁ

미라이칸 150~153, 155

미래 수레바퀴 방법 42

미래학 43

미존 70~71

ㅂ

복수의 가능성 39

불가지론 54

브렉시트 74~79, 81~82

빅 히스토리 28~30, 55

빅뱅이론 24~25, 27

ㅅ

소프트 파워 117~119

수직농장 156~159

스몹비족 105

스토리두잉 64

시간의 비가역성 18

시나리오 기법 42, 77~78, 81, 178

싱크탱크 174~175, 178~180

ㅇ

알파고 87~90, 132~133, 160, 198, 201

왝더독 8, 103~106, 129

요즈마 펀드 63~64

우주팽창이론 25

있었던 그대로의 과거 36

ㅈ

적자생존 44~46, 117
중산층 기준 114~116
지구사 28
지속 가능 발전 97~98
집단지성 79~81, 83

ㅊ

창직 142, 147
챵커 141, 197

ㅋ

크라우드펀딩 102
클레멘트 코스 130~132

ㅌ

통찰력 42
특이점 93, 160~163
티핑 포인트 162

ㅍ

팔로어십 113
페이 잇 포워드 137~139
포사이트 41~42
프로슈머 100

인명

ㄱ

게이츠, 빌 28~29
고갱, 폴 24
고든, 시어도어 178
골턴, 프랜시스 80

ㄴ

나이, 조지프 117
나이스비트. 존 7
노스트라다무스 183, 213
노이만, 존 폰 160

ㄷ

다윈, 찰스 44
드러커, 피터 61, 147, 225

ㄹ

랑케, 레오폴트 폰 36
레식, 로렌스 101
르메트르, 조르주 24~25
리프킨, 제러미 7, 100, 215

ㅁ

매클루언, 마셜 104
메칼프, 밥 110
모라벡, 한스 200
모랭, 에드가 37~38
모리 마모루 150, 152

ㅂ
베르베르, 베르나르 211
베른, 쥘 183~184
베버, 막스 107, 118
베인, 밥 55
부르디외, 피에르 115~116
블레차르지크, 네이선 108
빈지, 버너 161

ㅅ
세지마 류조 5
쇼리스, 얼 130~131
스펜서, 허버트 45

ㅇ
앤더슨, 크리스 99~100
윌슨, 로버트 25
이스턴, 데이비드 107
이어령 171

ㅈ
저커버그. 마크 109
주브넬, 베르트랑 드 184

ㅋ
카, 에드워드 36, 38
칸, 허먼 178
커즈와일, 레이먼드 93, 161~162
크리스천, 데이비드 28
킹, 마틴 루터 57

ㅌ
탭스콧, 돈 108
토플러, 앨빈 7, 66~69

ㅍ
펜지어스, 아노 25
퐁피두, 고르주 114

ㅎ
하라리, 유발 92, 212
하이드, 캐서린 라이언 137
허블, 에드윈 25
허사비스, 데미스 133
헉슬리, 올더스 91~92
헤머, 올라프 178
호킹, 스티븐 23~24
홉스, 토마스 44

최연구

서울대학교 사회학과를 졸업하고 프랑스로 건너가 파리 7대학교에서 정치사회학 DEA(예비박사)학위를, 마른 라 발레 대학교에서 국제관계학(지정학 전공) 박사 학위를 받았다. 대학시절 교지 ≪관악≫을 창간해 초대 편집장을 역임했고, 파리 유학 시절에서는 ≪한겨레 21≫ 파리통신원으로 활동했으며 2000년에는 ≪르몽드 디플로마티크≫ 한국판 편집위원을 역임했다. 포항공과대학교 인문사회학부 대우강사 (강의교수), 한국외국어대학교 대학원 문화콘텐츠학과 겸임교수를 지냈고 한국문화예술위원회 책임심의위원 등을 역임했다. 한국과학창의재단 기획예산실장, 창의문화진흥단장 등을 거쳐 현재는 연구위원으로 있다. 저서로는『세계화와 현대사회 읽기』,『프랑스 문화읽기』,『노블레스 오블리주 혁명』,『문화콘텐츠란 무엇인가』,『미래를 예측하는 힘』,『4차 산업혁명시대 문화경제의 힘』등 10여 권이 있다.

미래를 보는 눈

미래보다 중요한 미래 예측

지은이	최연구
펴낸이	김종수
펴낸곳	한울엠플러스(주)
책임편집	조인순
편집	반기훈

초판 1쇄 인쇄	2017년 7월 24일
초판 1쇄 발행	2017년 8월 10일

주소	10881 경기도 파주시 광인사길 153 한울시소빌딩 3층
전화	031-955-0655
팩스	031-955-0656
홈페이지	www.hanulmplus.kr
등록번호	제406-2015-000143호

ISBN 978-89-460-6360-0 03320(양장)
      978-89-460-6361-7 03320(반양장)

※ 책값은 겉표지에 표시되어 있습니다.